From Samurai to Shogun

James M. Vardaman

Coen Nishiumi

装　　幀＝寄藤 文平　垣内 晴
編集協力＝松浦 斉美
写　　真＝Wikipedia、photoAC
家　　紋＝発光大王堂、家紋DB

戦国武将
From Samurai to Shogun

James M. Vardaman
ジェームス・M・バーダマン＝著

Coen Nishiumi
西海コエン＝日本語訳

序　文

　日本が現在のような国として成立する以前、それは大小さまざまな国の集合体でした。それぞれの国に名前はあったものの、それ以外の共通点はほとんどありませんでした。京都には天皇が存在していましたが、実際に各地を統治していたのは、天皇から任命された地方の行政官たちでした。農作物の収穫量、河川や道路、村々、そして人々を治め、守ることは容易ではなく、相応の軍事力が必要とされていました。そこから、この物語は始まります。

　京都の天皇の権威が非常に限定的であったため、各地の行政官は任された領地の防衛を担いながら、一定量の農作物や魚介類、手工芸品、木材などを朝廷に納めていました。しかし、こうした義務を果たすうちに、彼らは次第に自らの権力を自覚するようになっていきました。

　彼らは武士の軍勢を集めて自らの領地を支配し、自分のものだと主張するようになり、やがて武将から戦国大名へと成長し、数世紀にわたり領土を広げるために争い続けました。

　この時代を戦国時代と呼びます。およそ13世紀から17世紀初頭まで続いたこの時代は、日本各地で絶え間ない戦いが繰り広げられ、権力の移り変わりが激しく、常に混乱が続いていました。

Foreword

Before Japan evolved as a country, it was a mixture of different sized provinces, each with a name, but with few other similarities. Despite the existence of an emperor in Kyoto, it was the imperial-appointed administrators who in effect ruled the provinces. Maintaining a degree of control over and protection of agricultural yields, rivers, roads, villages, and people was difficult. Some form of military was necessary, and that is where our story begins.

Given the very limited authority of the emperors in Kyoto, the appointees were in charge of defending the borders of their assigned lands and sending established amounts of agricultural produce, fish and other marine products, handmade goods, and timber to the imperial court. In the process of fulfilling their duties, these administrators developed a sense of their own individual power.

Gathering armies of samurai warriors, they took personal control over their territories, claiming them as personal domains. They became Busho, warlords, and for several centuries they competed to expand their domains.

We refer to this as the Period of Warring States, Sengoku Jidai, which lasted roughly from the thirteenth century to the early seventeenth century. It was a chaotic period, with constant fighting somewhere between competing Busho and power shifting rapidly virtually everywhere.

織田信長、豊臣秀吉、徳川家康の三人の武将が相次い
で国の統一を進める中、江戸時代（徳川時代ともいう）に
入ると、地方の領主たちは大名へと変わっていきました。
こうした領主たちは、徳川家が世襲する将軍職への忠誠
を求められました。歴代の将軍は直属の家臣団を持って
いましたが、一方で力のある大名たちは自らの領国内で
は依然として強い影響力を持ち続けました。その象徴と
して、今日でも日本各地には彼らの銅像が建てられてい
ます。

　本書では、日本全国にその名を知られ、歴史の中で語
り継がれ、地域の祭りやテレビドラマ、観光地、さらに
は映画の題材として今もなお親しまれている著名な戦国
武将たちを紹介します。彼らが築いた壮大な城の一部は
今も残り、博物館には彼らの鎧や武具が展示されていま
す。また、激しい戦さの様子や、戦さの合間の風雅な日
常を描いた絵屏風も目にすることができます。

　本書を通じて、日本の歴史や、その名残が現代文化に
どのように息づいているのかについて、新たな視点を得
ていただければ幸いです。

　　　　　　　　　　　　ジェームス・M・バーダマン

Following the gradual unification of the country by the Busho trio of Oda Nobunaga, Toyotomi Hideyoshi, and Tokugawa Ieyasu, the Edo Period—also known as the Tokugawa Period—the local lords evolved into Daimyo. These lords were required to maintain allegiance to the Shogun, a position that came to be inherited within the Tokugawa family. The consecutive Shogun had their own direct retainers, but the stronger of the Daimyo remained powerful within their own domains, as is symbolized by the statues of these men that stand in respective prefectures today.

This volume introduces the most significant of these warlords, who are known throughout the country, commemorated in histories, and still remain the subject of local festivals, television dramas, travel destinations, and of course movies. Some of their impressive castles remain and museums continue to display their armor and weaponry, as well as elaborate screens depicting both violent battles and aesthetic activities in moments of peace.

It is hoped that the reader will gain new insights into Japan's past, what remains of it, and how it resonates in contemporary culture.

James M. Vardaman

日本の旧国名

戦国時代の武将たちは、それぞれの国（旧国名）を拠点に活躍し、戦いを繰り広げました。旧国名を知ることで武将の出身地や勢力圏を理解できます。

【豊後国・筑後国】
大友宗麟 p.72

【肥前国】
大村純忠 p.66
龍造寺隆信 p.208

【肥後国】
加藤清正 p.86

【薩摩国】
島津義弘 p.106

【播磨国】
黒田官兵衛 p.146

【安芸国】
毛利元就 p.36
安国寺恵瓊 p.192

【丹後国】
細川忠興 p.150

【丹波国】
小早川秀秋 p.204

【阿波国】
三好長慶 p.138

【土佐国】
長宗我部元親 p.142

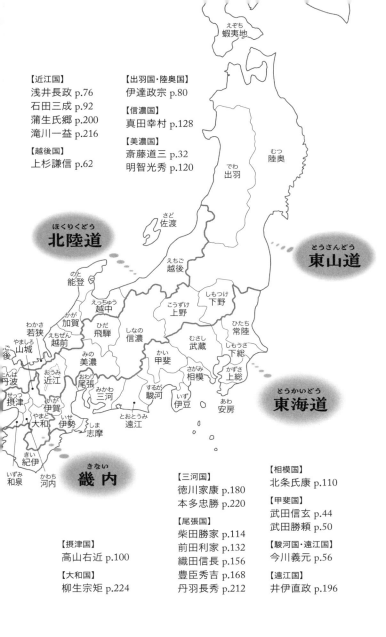

織田信長の勢力拡大

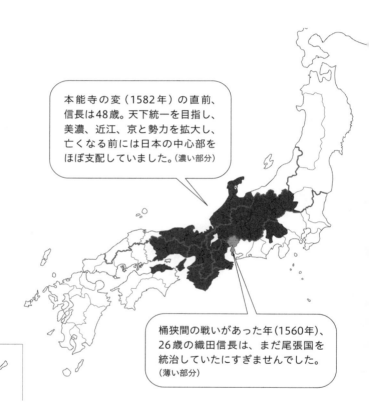

本能寺の変（1582年）の直前、信長は48歳。天下統一を目指し、美濃、近江、京と勢力を拡大し、亡くなる前には日本の中心部をほぼ支配していました。(濃い部分)

桶狭間の戦いがあった年（1560年）、26歳の織田信長は、まだ尾張国を統治していたにすぎませんでした。(薄い部分)

豊臣秀吉と徳川家康の台頭

本能寺の変（1582年）の後、信長の後継者である豊臣秀吉が国内統治を強化していきました。（薄い部分）同時に徳川家康も存在感を見せ始めます。（濃い部分）

徳川家康の天下統一

関ヶ原の戦いの直後、家康が直接影響力を行使できた地域。（濃い部分）

目次

序文 Foreword.. 4/5

1章

戦国武将とその時代........................ 15
The Samurai Warlord Era

2章

戦国大名──絶えず変化する世の中で....... 31
Warlords—in a constantly changing world

斎藤道三	Saito Dosan	32/33
毛利元就	Mori Motonari	36/37
武田信玄	Takeda Shingen	44/45
武田勝頼	Takeda Katsuyori	50/51
今川義元	Imagawa Yoshimoto	56/57
上杉謙信	Uesugi Kenshin	62/63
大村純忠	Omura Sumitada	66/67
大友宗麟	Otomo Sorin	72/73
浅井長政	Azai Nagamasa	76/77
伊達政宗	Date Masamune	80/81

加藤清正	Kato Kiyomasa	86/87
石田三成	Ishida Mitsunari	92/93
高山右近	Takayama Ukon	100/101
島津義弘	Shimazu Yoshihiro	106/107
北条氏康	Hojo Ujiyasu	110/111
柴田勝家	Shibata Katsuie	114/115
明智光秀	Akechi Mitsuhide	120/121
真田幸村	Sanada Yukimura	128/129
前田利家	Maeda Toshiie	132/133
三好長慶	Miyoshi Nagayoshi	138/139
長宗我部元親	Chosokabe Motochika	142/143
黒田官兵衛 (孝高)	Kuroda Kanbei (Yoshitaka)	146/147
細川忠興	Hosokawa Tadaoki	150/151
織田信長	Oda Nobunaga	156/157
豊臣秀吉	Toyotomi Hideyoshi	168/169
徳川家康	Tokugawa Ieyasu	180/181
安国寺恵瓊	Ankokuji Ekei	192/193
井伊直政	Ii Naomasa	196/197
蒲生氏郷	Gamo Ujisato	200/201
小早川秀秋	Kobayakawa Hideaki	204/205
龍造寺隆信	Ryuzoji Takanobu	208/209
丹羽長秀	Niwa Nagahide	212/213
滝川一益	Takigawa Kazumasu	216/217

本多忠勝　Honda Tadakatsu 220/221

柳生宗矩　Yagyu Munenori 224/225

コラム

水軍：封建時代の海軍 40/41
Suigun: Feudal Navies

支倉常長 84/85
Hasekura Tsunenaga

関ヶ原の戦いから徳川時代へ 98/99
From Sekigahara into the Tokugawa Period

検分（首実検）.....................................118/119
Head-viewing Ceremony

切腹（自害の儀式）.................................126/127
Seppuku (Ritual Suicide)

細川ガラシャ 154/155
Hosokawa Gracia

お市の方と淀君 164/165
Oichi no Kata and Yodogimi

千利休　茶の湯の大成者 176/177
Sen no Rikyu Tea Master

参勤交代 186/187
The Alternate Attendance System—*Sankin kotai*

忍者 228/229
Ninja

1章

戦国武将とその時代

The Samurai Warlord Era

武将とは誰か？

　戦国時代とその後に続く徳川時代（江戸時代）に活躍した日本の武将たちは、15世紀半ばから1868年の明治時代の始まりまでの日本の歴史、**伝説、民間伝承**に名を残す重要な人物です。彼らは日本の文化や国の形を作り上げた、力強く革新的な人たちでした。伝説と史実を区別するのはときに難しいものですが、本書では、400年以上前に、日本人だけでなく他の文化圏の人々にとっても今なお魅力的な世界を作り上げたこれらの人物たちの物語を描こうと試みています。

武士と侍：武士は武芸を職とする集団。侍は「さぶらう（仕える）」という言葉からきていて、人に仕える者を示す。江戸時代になると、武士のほとんどが誰かに仕えるようになり、武士と侍の区別はあいまいになった。

　本書に出てくる日本語の用語について、混乱を避けるためいくつか整理しておきましょう。まず、英語の「samurai」という言葉は、日本語の「**武士**」に由来し、「**戦士**」と訳すことができます。武士はその高い身分の象徴として、長刀（太刀）と短刀（小太刀）の二振りの刀を帯刀することが許されていました。**武士の務め**は、必要とあれば自らの命をかけてでも主君に仕え、**領地の統治**においてその命令に従うことでした。武士はエリート階級でしたが、その運命は**それぞれの主君の興亡**に左右されました。伝統的な武士の家系は「**武家**」と呼ばれ、男子は**武芸を磨き**、高位の武士に服従するよう教育されていました。

　日本語の「**武将**」は、軍事的な司令官を指

Who are the *Busho*?

The well-known Japanese warlords of the Sengoku period (the Warring States period) and the subsequent Tokugawa period (also called the Edo period) include major figures in Japanese **history, legend,** and **lore** from the mid-fifteenth century to the beginning of the Meiji period in 1868. They are a mixture of dynamic characters, who shaped Japanese culture and the nation as a whole. Although it is sometimes difficult to distinguish between legend and fact, this book attempts to tell the stories of these figures who more than four centuries ago created a world that remains fascinating not only to Japanese but to people of other cultures.

To avoid confusion regarding Japanese terminology, let's clarify a few terms. First, the English word "samurai" comes from the Japanese word *bushi*, which can be translated as "**warrior.**" As symbols of their superior status, samurai were permitted to carry two swords, a long sword (*tachi*) and a short sword (*kodachi*). It was a **samurai's duty** to serve his lord—at the cost of his own life if necessary—and obey all the lord's commands in **administrating the domain.** While samurai were the elites, their fate depended on the **fortunes of their respective lords**. The families of the traditional samurai, called *buke*, were households in which the males were **trained to fight** and **to obey their superiors**.

The Japanese word *busho* means "warlord," in the

す言葉で、「軍司令官」に相当します。現代的に言えば「将官」とも言えます。本書は、とくに1467年から1568年の戦国時代における武将たちに焦点を当てています。この時代は、**近代以前の日本において最大規模の軍事的な領主である大名同士の争いが絶え間なく続いた内戦**の時期でした。本書では、徳川氏とその同盟者の支配の下で**日本が統一**されていく過程を追っていきます。

大名は**地方の軍事貴族**として互いに競い合うようにして、**領地**を拡大し、経済の基盤である米を中心とした農産物の生産を増やし、忠実な家臣（つまり侍）を集めました。侍は領地を**外敵**から守り、下層階級の人々を統制する役割を担っていました。この戦国時代には、日本のほぼすべての地域で大名たちが隣接する大名と領地や権力をめぐって競い合いました。その過程では大規模な戦いが起こることもあり、本書ではそのいくつかを取り上げます。

歴代の天皇は形式的には、ある地域を統治する立場にありましたが、自らが支配を主張する地域を守るために**軍事指導者**を任命していました。当初は、本州東北地方の蝦夷（えぞまたはえみし）と呼ばれる集団に対して対抗するためであり、後には他の**権力を狙う勢力**に対抗するためでした。

こうした武士に最初に与えられた称号は「征夷大将軍」であり、これは「異民族を征伐する大将」を意味していました。しかし、

軍事貴族：軍事専門の貴族や官人を軍事貴族とも呼ぶ。後の武家（武士）の母体となったとされる。

蝦夷：古代日本において本州の東北地方や北海道に住んでいた人々の総称。大和朝廷（奈良時代～平安時代初期）から見て異民族とされ、独自の文化や生活様式を持っていた。

sense of being a **military commander** or, in modern terms, a **general**. This volume focuses on these warlords, especially in the period between 1467 and 1568, known as the Warring States period, *Sengoku jidai*, during which there were **virtually constant** civil wars between rival daimyo, the largest of the **landholding military lords** in the **premodern period**. The volume continues as the **country becomes unified** under the control of the Tokugawa and their **allies**.

The daimyo, as the **local military aristocracy**, competed with one another to expand their **landholdings**, to produce more food (especially rice which was the base of the economy), and to draw more loyal followers, namely samurai, who would defend the territory against **aggressors** and keep the members of the lower classes under control. During this Warring States period, throughout virtually every part of Japan, daimyo competed with neighboring daimyo for territory and power, sometimes in major battles, which we will note in this volume.

While the **successive emperors** may have technically been the head of the government in a certain part of the country, they appointed **military leaders** to protect the areas they claimed—first against tribal groups known as *Ezo* or *Emishi* in northeastern *Honshu*, and later against **other pretenders to power**.

The initial title bestowed upon these warrior figures was *seii tai shogun*, meaning "barbarian-subduing **generalissimo**." But once the **indigenous tribes** were

先住の諸部族が鎮圧されると、この将軍の称号は使われなくなりました。この称号が復活したのは1180年、**平氏と源氏の戦い**が始まったときで、その際に「将軍」と略されるようになりました。この称号は1867年、最後の将軍である徳川慶喜が将軍職を退くことを余儀なくされるまで使われ続けました。

本書では主に15世紀半ば以降の日本の武将に焦点を当てますが、その前にも注目すべき**先駆者**が何人が存在します。

平将門（？〜940年）

平安時代（794年〜1185年）、京都の歴代天皇を中心とする**中央政府（朝廷）**は、**遠方の皇室領**を管理し、その収益を都に届けさせることや、権力を争う者たちを抑える役割を**地方の管理者（国司）**に委ねていました。

軍記物語『将門記』によれば、京都からはるか東に位置する関東平野で、平氏の有力者たちの間で起きた一人の女性を巡る争いが発端となり、935年には特定の土地の支配をめぐる**争乱**へと発展しました。938年までに、この争いは関東全域の支配権を巡る戦いへと拡大し、やがて京都の朝廷に対する**反乱**へと発展しました。

940年、平将門は関東地方の**国府**を攻撃、

平将門の生年：903年、889年、884年頃など諸説あるが、903年が一般的とされる。

国司：律令制において地方行政を担当する中央政府から派遣された官吏。平安時代以降、国司の中で実際に国の統治を行う最高責任者を受領、荘園を管理し、領主に代わって運営や年貢の徴収を行う役職を荘官という。

『将門記』：平将門の乱を描いた軍記物語。11世紀前期から末期にかけて成立したとされるが諸説ある。一族間の争いから始まり、将門が「新皇」を自称して反乱を起こし、最終的に討伐されるまでの経緯を描いている。

平将門の乱：935年、将門とその一族の間で発生した紛争。叔父の平良兼との対立。勝利した将門は関東の支配を強め、やがて朝廷に対する反乱（939年）に発展した。

国府：律令制下、諸国に置かれた政庁。国府付近には、国分寺、国分尼寺、総社が設置された。

subdued, the shogunal title fell into disuse. The title was not resurrected until 1180 at the beginning of the **Taira-Minamoto War**, when it was abbreviated to *shogun*, and that title remained in use until 1867, when the last *shogun*, Tokugawa Yoshinobu, was forced to resign.

While we will focus on Japanese warlords beginning in the mid-fifteenth century, however, there are a few **precursors** that we should consider.

Taira Masakado (?–940)

During the Heian period (794–1185), the **central government**, headed by a succession of emperors in Kyoto, depended on **land stewards** to administer **distant imperial land holdings**, ensure that the benefits reached the capital, and suppress any competitors for power.

According to the collection of war tales known as *Shomonki*, in the Kanto plain, a great distance eastward from Kyoto, a quarrel over a woman within the elite Taira clan evolved into a **military struggle** in 935 concerning control of certain lands. By 938 this conflict had widened into a struggle for dominance of the entire Kanto region, and then into a **rebellion** against the imperial government in Kyoto.

The rebellion began in 940 when Taira Masakado

占拠し、自らを「国司」と称して独自の命令を実行する行政官を任命したことで反乱が始まりました。その後、「新皇」の称号を名乗り、関東を独立した政権とする意図を明確にしました。

京都の朝廷は、当然これを直接的な脅威とみなし、平将門が率いる反乱を鎮圧するために軍を派遣しました。藤原秀郷が率いる朝廷側の軍勢は、将門を討ち、反乱を鎮圧しました。他の地方の武士が同様の考えを抱かないようにするため、将門は斬首され、その首は京都に晒されました。

しかし、将門は統治において独自の試みを行ったことで、関東地方の庶民から支持を集めました。伝説によれば、将門の首は怨霊となって関東地方まで飛び帰り、現在の東京駅から徒歩圏内にある大手町の「将門塚」に落ち着いたと言われています。この場所は現在、記念碑として一般に公開されています。人々は、疫病をもたらすと考えられていた怨霊を、守護神として祀ることで鎮めることができると信じていました。また、将門の霊は、神田神社（神田明神）の祭神の一柱としても祀られています。

怨霊信仰：乱を起こして討伐された後、関東で疫病や災害が発生し、それが将門の怨霊の仕業と恐れられた。将門を鎮めるために神田明神に祀られた。

attacked and occupied **government quarters** in the Kanto region, declared himself *kokushi*, "**provincial governor**," and began appointing administrators to carry out his own orders. When he later took the title "New Emperor," he made it clear that he planned to make the Kanto area a **self-governing state**.

The **imperial household** in the Kyoto region naturally saw this as a direct threat and sent its troops to suppress the **uprising** led by Masakado. The **imperial loyalist forces** led by Fujiwara Hidesato killed Masakado and suppressed the rebellion. To deter any other **local military figures** from getting similar ideas, Masakado was **decapitated** and his head was put on display in Kyoto.

But Masakado had carried out political reforms and had been popular among the common people in the Kanto area. According to legend, his head flew all the way back to the Kanto area as a **vengeful spirit** and landed at *Masakado-zuka*, which is now a monument, open to the public, in Otemachi, a short walk from Tokyo Station. People believed that such spirits, which were thought to cause plagues, could be appeased by worshipping them as **guardian deities**. His spirit was also enshrined as **one of the deities** of Kanda Shrine (Kanda Myojin).

将軍と幕府とは？

初の幕府：鎌倉幕府

　平清盛（1119年〜1181年）は、武士階級の出身でありながら、京都の朝廷で権力を握り、ついには孫を天皇に即位させるまでの地位を築いた優れた政治の指導者でした。また、日本で最も重要な**軍記物語**である『平家物語』の中心人物でもあります。

　清盛は京の都で軍事的な支配権を握り、20年にわたって朝廷を掌握しました。清盛は**朝廷の参議**となり、1167年には**太政大臣**の地位にまで上り詰めました。彼の野心は高まり、ついには平家に連なる皇子を天皇に即位させようとするまでになりました。1180年、清盛は孫を天皇として即位させ、安徳天皇としました。

　しかし、平氏の勢力は急速に衰退しました。1183年、源頼朝は平氏を京都から追放し、その後、西九州における平氏の拠点からも追い落としました。1185年春、有名な**壇ノ浦の戦い**で源氏の軍勢が平氏を滅ぼしました。この戦いで、平氏一門の主要な人物は討たれるか自害し、安徳天皇も入水し亡くなりました。

　その後、源頼朝は初の「幕府」、すなわち「**武家政権**」を樹立しました。そしてここで再び「将軍」という言葉が登場します。将軍は、本来は軍を指揮し統率する人物を指し、「征夷大将軍（蛮族を征伐する大将）」とは意味合

『平家物語』：12世紀末から13世紀初頭の軍記物語で、平家一族の栄華と没落を描いている。鎌倉時代初期に成立したとされる。琵琶法師によって語り継がれ、音楽性豊かな文体が特徴。冒頭の「祇園精舎の鐘の声、諸行無常の響きあり」はあまりにも有名。

安徳天皇（1178年〜1185年）：清盛の娘・徳子（建礼門院）の子で、清盛の孫。数え年3歳で即位し、数え年8歳で崩御。その短い生涯は、平氏の栄華と没落を象徴する歴史的出来事として知られる。

What are Shoguns and Shogunates?

The First Shogunate: The Kamakura Shogunate

The prominent political figure Taira Kiyomori (1119–81) came from the warrior class and rose to dominate the imperial court in Kyoto, even seeing his grandson chosen as emperor. He is the main figure in *Heike Monogatari,* Tale of the Heike, Japan's most important **war chronicle**.

Kiyomori held military control in the Kyoto capital and dominated the imperial court for two decades. He became an **imperial adviser** and in 1167 he rose to the position of **grand minister of state**. His ambition increased to the point of trying to enthrone a Taira prince as emperor. In 1180, he succeeded in placing his grandson on the throne as Emperor Antoku.

The power of the Taira, however, rapidly declined. Minamoto Yoritomo in 1183 drove the Taira from Kyoto, later pushing them out of their power base in western Kyushu. In the spring of 1185 Minamoto forces destroyed the Taira forces in the famous ***Battle of Dannoura***. The major Taira figures were killed or committed suicide and Emperor Antoku was drowned.

Minamoto Yoritomo then established the first "**shogunate**" or "**warrior government**." And here is where we encounter once again the term "shogun," essentially a military dictator, but in a form different from the "barbarian-suppressing generalissimo." The

いが異なります。この称号はもはや**戦場での武功**を示すものではなく、**地方の武士たち**を統制するための**政治的権威**を意味するようになりました。頼朝が本拠地を京都の朝廷から離れた鎌倉に置いたため、彼の統治は「**鎌倉幕府**」として知られます。この幕府は1192年から1333年まで続きました。

頼朝が軍事的な権力を確立した点で重要な人物であるのに対し、異母弟の源義経は日本史上、最も悲劇的な英雄となりました。義経は兄頼朝の**権力掌握**を支える上で重要な役割を果たしましたが、彼が権力を奪おうとするのではないかという疑念を兄に抱かせました。義経は最終的に、兄の軍勢からの保護を求めて、奥州藤原氏の本拠地である本州北部の平泉に身を寄せることを余儀なくされました。

頼朝の軍勢は義経を追撃しました。最終的に義経は自害に追い込まれました。勇敢でありながら不運な運命をたどった義経と、彼に忠誠を尽くした僧兵、弁慶にまつわる伝説は、文学や演劇を通じて語り継がれてきました。義経は、**悲劇的な結末**を迎える人物の典型として今なお人々に親しまれています。

ちなみに、中尊寺、毛越寺、そして奥州藤原氏に関連する平泉のいくつかの場所は、現在、世界遺産に登録されています。

源義経：1159年に源義朝の九男として生まれる。幼名は牛若丸、母は常盤御前。22歳で兄の源頼朝の挙兵に参加し、平家打倒に貢献。その後、頼朝との関係が悪化し、平泉に逃れたあと、衣川館で自害する。

奥州藤原氏：現在の東北地方一帯を治めた有力な一族。清衡（初代当主）が1087年に政権を確立し、基衡（2代目）、秀衡（3代目）、泰衡（4代目）と続く。中央政権から一定の距離を保ちながら独自の勢力を築き、東北地方に独特の文化を育んだ一族として名を残している。

武蔵坊弁慶：京都の五条大橋で当時は牛若丸と名乗っていた義経と戦い、敗れていた弁慶は義経の家来となった。

term now referred to military control over **provincial warlords** and referred less to **battlefield prowess** than to **political command**. Because Yoritomo established his headquarters in Kamakura, far from the imperial court in Kyoto, his rule began what we know as the **Kamakura Shogunate**, which lasted from 1192 to 1333.

Although Yoritomo is important for establishing military power, his younger half-brother Minamoto Yoshitsune became Japan's most tragic hero. Although Yoshitsune played a significant role in supporting his brother's **rise to power**, he aroused his brother's suspicions that he might attempt to seize power. Yoshitsune was eventually forced to Hiraizumi, base of the Oshu Fujiwara, in northern Honshu for protection from his brother's forces.

Yoritomo's army pursued him. Eventually, Yoshitsune was forced to commit suicide. Various legends about the courageous but ill-fated Yoshitsune and his devoted follower the **warrior-monk** Benkei have been passed down through literature and theater. Yoshitsune remains an example of an appealing character who comes to a **tragic end**.

As an aside, Chusonji, Motsuji, and several other places in Hiraizumi related to the Oshu Fujiwara are now World Heritage sites.

第二の幕府：室町幕府

　武士たちの結束が乱れ、**地方の武士は次々と主君を変え**、その結果、鎌倉幕府は最終的に崩壊しました。そして、足利尊氏が**軍事的優位**を確立したことで、第二の幕府が誕生しました。京都の室町地区に拠点を置いたこの幕府は、1338年から1573年まで続きました。**歴代の足利将軍は、皇都**（京都）近辺のさまざまな地域を支配していましたが、遠方の諸国に対する支配は弱く、時には全く及びませんでした。そうした遠隔の地方は、**有力な大名たち**によって支配されていました。

　その結果、日本は1467年から1568年にかけての約一世紀にわたり**分裂状態**に陥り、戦国時代と呼ばれる争乱の時代となりました。この時代は、武将と呼ばれる**軍事指導者**たちが、土地や人民、資源、同盟関係の支配権を確立し、そして維持するために互いに争った時期でした。

第三の幕府：徳川幕府

　第三の幕府である徳川幕府が成立するのは、1603年になってからのことでした。武将の中からじょじょに、広い支配地と大きな軍事力を持った**封建領主**である「大名」が出てきました。

The Second Shogunate: The Muromachi Shogunate

Alliances were broken, **local military families switched allegiances**, and as a result, the Kamakura Shogunate eventually collapsed. It was not until Ashikaga Takauji gained **military dominance** that a second shogunate was born. Based in the Muromachi district of Kyoto, this shogunate lasted from 1338 to 1573. Although the **successive** Ashikaga shoguns controlled various regions near the **imperial capital,** their control over distant provinces was either weak or non-existent. These latter provinces were controlled by various **powerful lords**.

As a result, the country entered **a state of disunion** in the century from 1467 to 1568—known as the Sengoku jidai, the period of Warring States. This is the period in which the "*busho*," **military commanders**, competed with one another to establish—and maintain—control over land, people, resources, and alliances.

The Third Shogunate: The Tokugawa Shogunate

It would not be until 1603 that the third shogunate—the Tokugawa Shogunate—would be established. Ever so gradually, out of the multiple "*busho*" evolved the "daimyo," the largest of the landholding military "**feudal lords**" in the country.

2章

戦国大名
絶えず変化する世の中で

Warlords—in a constantly changing world

斎藤道三

(1494年頃〜1556年)

主君を倒すという類を見ない大胆さを持ち、「美濃の蝮」とあだ名され、最終的には自らの息子に裏切られた。

還俗した僧侶：僧から武士になること。道三は若い頃妙覚寺で僧侶だったが、のち還俗して商人になり、その後武士になった。

　争乱の時代である戦国時代は自らの領地を守り、あるいは拡大するために**絶え間ない戦い**が繰り広げられた時代でした。斎藤道三は、下剋上、つまり「下位の者が上位の者を倒す」というこの時代の**典型的な人物**とされています。道三が権力を握るまでのいくつかの逸話は、作り話に過ぎないかもしれませんが、「蝮の道三」という異名にふさわしい人物であったことは間違いないようです。

　これらの伝説の中には、道三はもともと**還俗した僧侶**で、美濃国の武家に入り込むために**油売り**に転身したという話があります。彼は最終的に自分の上に立つ者を排除し、美濃国（現在の岐阜県の一部）の**守護**である土岐頼芸（よりなり）の**下級家臣**となりました。その後も道三は強引に権力を拡大し続け、ついには頼芸の子である次郎を殺害し、頼芸を追放します。頼芸は、尾張の大名である織田信秀の庇護を

Saito Dosan

(1494?–1556)

Unique willingness to overthrow a superior, nicknamed "pit viper" of Mino province, and in the end betrayed by his own son.

The Warring States period, or the Sengoku period, saw **constant fighting** to defend or enlarge domains. Saito Dosan is considered a **typical figure** in this period of *gekokujo*, meaning "inferiors overthrowing their superiors." Some of the legends of how Dosan rose to power may be simply legends, but all in all it appears that he deserved his nickname "Dosan the pit viper."

Among these legends is one that he began as a **renegade Buddhist priest**, who turned into an **oil peddler** in order to gain entry into a samurai household in Mino Province. He eventually eliminated those above him, and became a **lower-ranking vassal** of the **military governor** (*shugo*) of Mino Province (now part of Gifu Prefecture), Toki Yorinari. Continuing his rampage upward, he murdered Yorinari's son Jiro and forced Yorinari to flee and seek the protection

求めて落ち延びました。道三はついに美濃の大名を名乗ったのです。

皮肉なことに、道三はその後、1548年に自らの娘を信秀の息子に嫁がせることで、信秀との同盟を結ぼうとしました。この**政略結婚**は極めて有益なものとなった可能性があります。というのも、その息子が改名して後の**天下人**、織田信長となるからです。

しかし1555年、道三の息子である斎藤義龍が父に反旗を翻しました。道三は美濃の**国衆**（地方領主）の多くが自分を支持しないことに気づき、そして1556年の長良川の戦いで討ち死にしました。

国（人）衆：一定規模以上の領域を支配した領主で、戦国大名より小規模だが独自の勢力を持つ地方豪族。

長良川の戦い：1556年、道三と義龍の軍勢が長良川で衝突。この時、多くの国衆（地方領主）が義龍側についたことで、義龍軍は約1万7千500名、道三軍は約2千700名と、圧倒的な兵力の差がついた。義龍の勝利に終わり、道三は戦死した。

岐阜城

当時は稲葉山城と呼ばれた岐阜城と斎藤道三の関係は、戦国時代の美濃国の歴史において重要な位置を占めています。

1201年ごろ、鎌倉幕府の文官で、十三人の合議制の一人でもあった二階堂行政によって築かれた砦が稲葉山城の始まりとされます。斎藤道三が1538年ごろに攻略。その後、道三が城を大規模に改修し、強固な山城へと発展させたことで、美濃国統一の拠点となりました。

稲葉山城は美濃国の中心に位置し、交通の要衝を抑える重要な拠点で、道三はこの地の利を活かし、政治的・経済的な影響力を拡大していきます。

1556年、道三は長良川の戦いで敗れ、稲葉山城を失います。その後、城は道三の子、斎藤義龍が継承しましたが、1567年に織田信長に攻略されます。

of Oda Nobuhide, daimyo of Owari Province, then declared himself daimyo of Mino.

Ironically he then sought an alliance with Nobuhide, by marrying his own daughter to Nobuhide's son in 1548. This **marriage alliance** could have proven extremely beneficial, because the son, after changing his name, was to become the future **dominant leader** Oda Nobunaga.

But in 1555, Dosan's own son Yoshitatsu turned against him. Dosan found that few of the **provincial barons** were willing to support him, and he was killed in 1556 at the Battle of Nagaragawa.

現在の岐阜城は、斎藤道三ゆかりの地として重要な歴史的遺産となっています。

毛利元就

(1497年〜1571年年)

権力の中心から遠く西に位置し、村上水軍の助けを借りて、西日本から九州に及ぶ強大な勢力を築いた。

　安芸国（現在の広島県の一部）にあった毛利氏の領地は、瀬戸内海周辺の狭い地域にあり、**周囲を二つの大勢力に挟まれていました**。しかし、1523年に毛利元就が毛利氏の当主となったことで、その状況は一変しました。

　戦国時代の混乱の中で**独立を維持する**ため、毛利氏はまず隣接する尼子氏と**同盟を結**びました。しかし、毛利の領地を拡大するために、元就は1540年に大内氏の助けを借りて尼子氏と戦い、打ち破りました。その後、1551年に盟友の大内義隆が陶晴賢（すえはるかた）に殺害されると、元就は陶氏に対して戦を仕掛けました。

　元就は、瀬戸内海周辺全域の戦国大名と同盟を結んでいた村上氏率いる**海上勢力である**、村上水軍の支援を取り付けました。戦国大名たちは領地を巡って争っていましたが、**海上戦力を持つことはほとんどありませんで**

Mori Motonari

(1497–1571)

Far west of the center of power, with the assistance of the Murakami Suigun, managed to build a powerful presence that extended from western Honshu into Kyushu.

The Mori clan domain in Aki Province—now part of Hiroshima Prefecture—began as a small territory **squeezed between two much larger domains** in the Seto Inland Sea area. But that changed when Mori Motonari became head of the Mori clan in 1523.

To maintain their independence during the chaos of the Sengoku period, the Mori first **allied** themselves with the neighboring Amako clan. But in order to expand the Mori territory, Motonari fought and defeated the Amako clan in 1540, with help from the Ouchi clan. When his ally Ouchi Yoshitaka was murdered by Sue Harukata in 1551, Motonari made war on the Sue.

He enlisted the support of the Murakami Suigun, a **naval force** led by the Murakami clan which formed alliances with warlords throughout the Inland Sea. The Sengoku daimyo fought over territory, but they rarely had **naval capabilities**. The Murakami Suigun,

過所旗制度：航路を支配し、通行する船から通行料（過所旗）を徴収した。

厳島の戦い：1551年に陶晴賢が大内義隆を自害に追い込む「大寧寺の変」が発生、毛利元就は裏切り者の陶晴賢に復讐を誓い、毛利軍の大勝利に終わる。これを機に毛利家が西日本における最有力勢力となる。毛利元就の巧みな戦略と海上戦術によって、数的劣勢を覆した戦いとして有名。

した。その隙間を埋めたのが、村上の海の領主、つまり村上水軍で、彼らは瀬戸内海に防御しやすい港をいくつも築きました。彼らは自らの**支配海域**を通過する船を監視していました。瀬戸内海の航路を利用して**交易品**を運びたい大名たちは、村上水軍の**旗の下**で安全な通行の許可を得ることが必要不可欠でした。

村上水軍は、**厳島の戦い**で毛利氏の戦略上、特に重要な役割を果たしました。陶氏は、厳島としても知られる**神聖な島**である宮島を要塞化していました。1555年、元就は息子の毛利隆元と吉川元春と共に、島の北側を**密かに航行**し、敵に察知されることなく進み、陶氏の**陣地**の背後にある海岸に上陸しました。もう一人の息子である小早川隆景と村上水軍は、陶氏の陣地の正面の**水域**を東に向かって進み、**守備側の注意**を引きつけました。

小早川軍がまず通り過ぎるように見せかけ、その後進路を反転させ、夜明けに**正面から**陶軍に**攻撃**を仕掛けました。同時に、事前に立てられた戦略に従い、元就率いる軍勢が陶軍の背後から攻撃を開始しました。この2つの連携した**海陸両面からの上陸作戦**によって、強大な陶軍は壊滅しました。

その後、元就は大内氏の領地を占領し、九州でも大友氏の勢力に攻撃を仕掛けました。ときに能島村上水軍の**協力も得ながら**、元就は他の**武士勢力**を打ち破り、亡くなる頃には西日本の広範囲と九州の一部を支配下に置くほどでした。

or Murakami sea lords, filled that gap by establishing a number of defensible ports along the Inland Sea. They monitored the ships which passed through their "**territory**." Daimyo who wanted to transport **trade goods** through the islands found it essential to purchase safe passage **under the flag of** the Murakami.

The Murakami sea lords were particularly important in the Mori strategy in the **Battle of Itsukushima.** The Sue had fortified the **holy island** of Miyajima, also known as Itsukushima. In 1555, Motonari and his sons Mori Takamoto and Kikkawa Motoharu sailed **undetected** around the northern part of the island and landed on a beach at the rear of the Sue **positions**. Another son, Kobayakawa Takakage, and the Murakami Suigun sailed eastward through the **strait** directly in front of the Sue position, drawing the attention of the **defenders.**

Once they appeared to pass by, they reversed course and launched a **frontal attack** on the Sue at dawn. According to a preplanned strategy, Motonari and his forces attacking simultaneously from the rear of the Sue positions. These two coordinated **amphibious landings** completely destroyed the powerful Sue army.

Motonari then occupied the lands of the Ouchi and in Kyushu also challenged the power of the Otomo clan. With the **occasional cooperation** of the Noshima Murakami sea lords, Motonari successfully defeated other **warrior families** and by the time of his death, he controlled large parts of western Honshu and parts of Kyushu.

コラム

水軍：
封建時代の海軍

　大名たちは、領地、河川、山、そして他の地域へ通じる街道をめぐって争ってきました。しかし、交易品、米、武器、軍兵を水上で輸送する際には、**海の領主たち**の助けを求めました。これらの独立した水軍は、瀬戸内海の特定の海域における潮流や航路、海峡などに精通していたのです。

　この浅い海は、九州、四国、そして本州にまたがっています。ここは潮の流れが強く、渦潮が発生し、一日の潮の干満差、そして場所によって水深の差が大きいため、航行が困難でした。しかし、地元の水軍の船乗りたちは、こうした変化する潮流や、安全な航路を熟知しています。特に、大小700以上の島々が点在する東西を結ぶ重要な航路では、その知識が不可欠だったのです。この海路は、大名が支配する領地（陸路）を避けるために利用されていました。

　水軍は「海賊」と呼ばれることも多いですが、その役割はやや異なっています。大きな観点から見ると、水軍は**報酬を要求する沿岸警備隊**として機能していました。陸上の大名たちが何度も排除しようと試みますが、水軍は独立性を保ち続けました。

　最もよく知られた**海の領主**の一族は、村上水軍です。彼らは瀬戸内海の中央付近を南北に連なる芸予諸島を支配していました。この海域は

40

Suigun: Feudal Navies

Warlords fought over territory, rivers, mountains, and roads providing access to other regions. But when it came to transporting trade goods, rice, weapons, and troops on water, they enlisted the assistance of **various sea lords**. These independent navies, *suigun*, had expertise in the tides, channels, and straits of specific sections of the Seto Inland Sea.

This shallow sea connects Kyushu, Shikoku, and the mainland of Japan. It has strong currents, whirlpools, a large range of tides each day, and treacherous differences in depths from place to place. Only members of local *suigun* had familiarity with the changing tides and safe channels around the 700 islands, large and small, that dot the important east-west transportation route that avoided territories controlled by the warlords.

The *suigun* have often been described as *kaizoku* or pirates. But their functions were rather different. From an overall perspective, the *suigun* served as a **mercenary coast guard**. They maintained their independence despite various attempts by land-based warlords to eliminate them.

The best known of these **sea lord clans** was the Murakami Suigun, who controlled the Geiyo Islands which run north and south near the center of the

特に水深が浅く、潮流が非常に危険でした。村上水軍は、こうした**危険な海峡**に関する知識を活かし、戦国時代から徳川による統一の時代にかけて、東西の海上交通を掌握していたのです。

能島村上水軍は、能島にあった城にちなんでその名がつきました。この城は防御に優れた**見張り拠点**として機能し、陸上の大名からどんなに攻撃を受けても耐え抜くことができました。また、あまり知られていない他の水軍も、それぞれの島々に**要塞**を築き、航行の保護料を徴収する権利を主張していました。

村上水軍をはじめとする瀬戸内海各地に点在する水軍は、海上交通や一部の港を支配し、**水先案内人**としても行動していました。彼らは、自らの紋章（シンボル）が入った旗を発行し、それを掲げた船には攻撃を加えず、安全な航行を保証したのです。また、別の方法として、村上水軍の者が船に実際に乗り込み、航路を案内する代わりに報酬を受け取ることもありました。こうした活動を通じて、水軍は海賊の襲撃や危険な潮流から海上交通を守る役割を果たしていたのです。

Inland Sea. Because the waters there are particularly shallow, the currents are extremely dangerous. Using their knowledge of these **dangerous straits**, they controlled the east-west sea route through the Period of Warring States into the unification of the Tokugawa period.

The Noshima Murakami Suigun gained their name from a castle on the island of Noshima. It served as a defendable **observation post**, and could survive any assault by a land-based warlord. Other less well-known suigun groups had their own **fortifications** in the island chains where they claimed the right to charge for protection.

Altogether, the Murakami and similar groups scattered around the Inland Sea controlled the sea routes and some ports, and acted as **pilots**. They did this by issuing client ships a flag with their symbol for safe passage, free from attack. In other cases, members of the Murakami would actually board the vessels in return for a fee and pilot ships. By means of these services, they protected the sea traffic from both pirates and dangerous currents.

武田信玄

(1521年〜1573年)

甲斐国と信濃国を治め、米や労働力を中心とした豊かな経済基盤を持ち、隣国の大名にも羨まれる存在だった。隣国の上杉謙信との度重なる戦いでもよく知られている。

武田信玄：幼名は勝千代で元服後に晴信と名乗る。1541年、父を追放し、武田家の当主となる。1559年に出家後は信玄と号する。

武田信玄は元服してから名乗った晴信よりも、出家後の**法名**である信玄としてよく知られています。幼い頃から野心家であったとされる信玄は、父親を容赦なく追放し、甲斐国（現在の山梨県）の**守護**の地位を奪い、武田氏の当主となりました。

領地拡大に意欲的だった信玄は、1542年に隣接する信濃国（現在の長野県）に攻め入りました。信玄によるこの征服は、将軍足利義輝から信濃の**守護職**に任命されたことで、実質的に**正当性**を認められました。

戦国大名の勢力は、その領地の立地条件に大きく依存していたことを理解する必要があります。大名が重要な街道沿いに一つ、または複数の城を所有していた場合、例えば石田三成が京都と関東を結ぶ中山道に城を持っていたように、敵対する大名の通行を遮断する

佐和山城：三成の居城で琵琶湖と山々の間の狭い通路を制御する要衝に位置していた。中山道を通過する他の大名を制御し、通行を許可する代わりに何らかの見返りを要求することができる立場にあった。

44

Takeda Shingen

(1521–1573)

Dominant in Kai and Shinano provinces, where taxes in the form of rice and labor were an economic strength envied by neighboring warlords, widely known for his repeated battles with the neighboring Uesugi Kenshin.

Although Takeda took the name Harunobu when he became an adult, he is known by his **Buddhist name** Shingen. Apparently ambitious from an early age, he ruthlessly deposed his own father from the position of **military governor** (*shugo*) of Kai Province (now Yamanashi Prefecture) and became head of the Takeda clan.

Eager to expand his territories, he invaded neighboring Shinano Province (now Nagano Prefecture) in 1542. His conquest was effectively **legalized** by the shogun Ashikaga Yoshiteru when he was appointed **military governor** there.

It is important to understand that the power of some daimyo was in the location of their landholdings. If a daimyo possessed one or more castles on an important road—as Ishida Mitsunari did on the Nakasendo which connected Kyoto with the Kanto region—he could either block rival daimyo

ことも、通行を許可して何らかの**代償**を求め
ることもできました。

　しかし、信玄の権力の基盤は、**土木工事**や
米などの農産物という形での課税によるもの
で、依然としてこれらが経済力の核となって
いました。他の戦国大名と同じく、信玄は隣
国の脅威に対抗し、自らの領地を守るため絶
えず戦さを繰り広げました。これこそが「**戦
国時代**」と呼ばれるゆえんです。**それぞれの
大名**がすでに所有している領地を武力によっ
て守ろうとする一方で、同じ武力を持って領
地を拡大しようと絶えず争っていたからで
す。

　1553年から、信玄と隣国越後の大名であ
る上杉謙信は、領地を巡り**敵対的な争い**を繰
り広げていました。この対立は、川中島での
５度にわたる決着のつかなかった戦いとして
広く知られています。毎年冬になると、敵対
する大名、信玄と謙信は**補給を整え**、翌春の
攻勢に向けた**戦略を練り**ました。信玄は、家
臣たちに一定量の米の生産が見込まれる**土
地をまかせる**ことで、その忠誠心を維持しよ
うとしました。これらの土地から収入を得る
代わりに、家臣たちは**軍事的な支援**を提供し
ました。信玄はまた、富士山の神社を参拝す
る**信者に通行税**を課したり、**裕福な地主たち**
に対して**様々な物資**の提供を強く要求しまし
た。

　信玄は、不安定で裏切りも多い同盟関係を
巧みに使い分けることで、着実に勢力を広げ

富士山への通行税：経
済対策の一環として、
また軍事・領土支配の
ために通行税を課し
た。富士山の領有権を
今川と争っていたこと
もあり、富士山の管理
を強化する狙いもあっ
た。

from using the road or allow passage, with some sort of **compensation** required.

Shingen's power, however, came from taxation, either in the form of **construction labor** or in agricultural produce such as rice—still the core of economic power. Like other such daimyo, he fought constantly to defend his territories from aggressive neighboring daimyo. This gives meaning to the expression **"Period of Warring States"** (*Sengoku jidai*) because the **respective daimyo** were constantly trying to defend the territories that they already possessed— by military force—or add to their territory by the same method.

Beginning in 1553, Shingen and Uesugi Kenshin, the daimyo of neighboring Echigo province, began a famous **rivalry** over territory, celebrated in the series of five inconclusive battles they fought at Kawanakajima. Each winter the opposing daimyo **organized supplies** and **developed strategies** for the next spring offensive. Shingen maintained his retainers' loyalty by **assigning them to administer land** with a **set production of rice**. In return for the income they gained from those lands, the retainers supplied **military service**. He also placed **toll levies** on **devotees** coming to the shrines on Mount Fuji, and made large demands for **various provisions** from **wealthy landlords**.

Shingen steadily gained power by means of a series of treacherous, shifting alliances. They included

ていきました。大名の今川義元、織田信長、徳川家康、そして北条氏らとの関係もそれに含まれます。

　自信を深めたことで、信玄はもはや上杉を大きな脅威とは感じなくなりました。京都に向け西への勢力拡大を目指し、名高い武田の**騎馬隊**を率いて、三方ヶ原の戦いで家康と信長を打ち破り、**早期の勝利**を収めました。家康は武田軍の騎馬隊により戦場を追われ、浜松城に逃げ込むことを余儀なくされました。

　この勝利を受けて、信玄は将軍足利義昭に対し、正式に織田信長との関係を断つよう進言しました。しかし義昭にとって不運だったのは、これが**室町幕府の完全な崩壊**へとつながったことです。その後、**全国各地の支配**は、軍事力や策略、カリスマ性を巧みに使い分ける武将たちに完全に委ねられることとなりました。

　信玄の死には謎が残されています。一説には、**肺炎**や戦さの古傷が原因とされ、またある説では三河国の野田城を武田軍が包囲している最中に徳川方の兵に鉄砲で撃たれて死亡したとも言われています。さらには、忍者に**槍で突かれて**命を落としたという伝説まであります。

三方ヶ原の戦い：1573年12月22日、遠江国の三方ヶ原（現在の静岡県浜松市）で起こった武田信玄と徳川家康の間の戦い。武田の騎馬隊に圧倒された徳川軍が大敗。騎馬戦術の効果を示す代表的な事例。

浜松城：1570年に家康が築城。家康が29歳から45歳までの17年間を過ごした重要な拠点。

武田の騎馬隊：甲斐国を拠点とした武田家の精鋭部隊。武田信玄は騎馬隊の機動力を活かし、奇襲部隊として戦術的に利用したとされる。川中島の戦いや三方ヶ原の戦いなど、武田騎馬隊の活躍は多くの戦いで語り継がれている。

the daimyo Imagawa Yoshimoto, Oda Nobunaga, Tokugawa Ieyasu, and the Hojo clan.

Gaining confidence, Shingen no longer felt Uesugi to be a great threat. Seeking to extend his power westward toward Kyoto, he used his famous **mounted cavalry** to achieve an **early success** by defeating Ieyasu and Nobunaga's troops at the Battle of Mikatagahara. Ieyasu was driven from the battlefield by the Takeda cavalry and was forced to take refuge in Hamamatsu Castle.

With this success, he encouraged the shogun Ashikaga Yoshiaki to formally break relations with Oda Nobunaga. Unfortunately for Yoshiaki, this led to the **complete collapse** of the **Muromachi Shogunate.** From that point onward, **control of the independent provinces of the country** would be completely left to the warrior commanders who used military force, intrigue, charisma, or a combination of these.

Mystery surrounds Shingen's death. Differing sources hold that he died from **pneumonia** or an old war wound, or that he was shot to death by a Tokugawa guard while the Takeda army surrounded the Noda Castle in Mikawa Province. There is even a legend that he was **impaled** by a ninja.

武田勝頼

(1546年～1582年)

豊かな領地を継承したものの、家臣団の不興を買い、長篠の戦いで攻撃を仕掛けたが、織田信長の組織的に訓練された鉄砲隊による反撃を受けて敗北。この新しい武器は、後に日本の国の統一に大きな役割を果たすことになる。

1573年に名高い父、武田信玄が亡くなると、武田勝頼は、広大な**領地**を引き継ぎました。しかし、その領地は広いものの**統一されておらず**、それが課題を生む原因となりました。勝頼は**勇敢な武将**でしたが、残念ながら人望が厚いわけでも、有能な統治者でもありませんでした。織田信長や徳川家康といった**圧倒的な人物**に直面し、彼は引き継いだ領地を効率的に守ることができませんでした。

勝頼は三方ヶ原の戦いで善戦し、重要な役割を果たしましたが、父である信玄の重臣たちの意見に耳を傾けなかったことで、家臣らの支持を失いました。彼は重臣たちの助言に反して、三河にある家康の本拠地を攻める計画を立て、**長篠城を包囲した**のです。

三河国（現在の愛知県）にある長篠城は、戦略的に重要な地に位置し、三河国と東に広がる遠江国の徳川領の入り口を守る役割を

長篠城：長篠城は武田氏と徳川氏の間で争奪戦が繰り広げられた城で、最終的に徳川家康が武田氏から奪還した。その後、1575年に武田勝頼による長篠城の包囲攻撃が行われ、有名な長篠の戦いへとつながる。この戦いで織田・徳川連合軍が勝利し、長篠城は徳川方の手に残った。

50

Takeda Katsuyori

(1546–1582)

Inherited profitable domain, fell into disfavor with his own warriors, launched an attack in the Battle of Nagashino that led to defeat, due to Nobunaga's well-trained musketeers, a new weapon that would play a major role in unifying the country.

When his famous father Takeda Shingen died in 1573, Takeda Katsuyori took over a large **domain**. It was vast, but **not consolidated** and that created challenges. Although he was a **courageous warrior,** unfortunately he was not a popular or effective administrator. Facing **powerful figures** like Oda Nobunaga and Tokugawa Ieyasu, he was not able to efficiently protect the lands that he inherited.

Katsuyori fought well and played an important role at the Battle of Mikata-ga-hara, but he failed to listen to his **father's generals** and lost their support. Against their recommendations, he laid plans to invade Ieyasu's home domain of Mikawa by **laying siege** to Nagashino castle.

Nagashino Castle in Mikawa domain (now Aichi Prefecture) occupied a strategic location, guarding the entrance to Tokugawa territory in Mikawa and

果たしていました。勝頼は、前年に徳川軍に奪われた城を**奪還する**ことを目指しました。そこで勝利することは、徳川軍が支配する三河領への**足掛かり**となるはずでした。

勝頼がこの城を攻めたもう一つの理由は、この城が**かつての味方**でありながら徳川方に**寝返った**奥平貞昌の指揮下にあったことでした。奥平貞昌が率いていたのはわずか500人の兵でしたが、城を防衛し続けていました。勝頼は、城を単に包囲して奥平軍が**餓える**のを待つ作戦を選びました。彼は、**下級兵士が**城を抜け出し、武田軍の包囲網をかいくぐって、長篠での深刻な状況を織田信長と徳川家康に伝えていたことを知らなかったのです。

信長の**援軍**が到着すると、勝頼は名高い武田の騎馬隊を率いてそれを迎え撃てば、信長軍はすぐに**退却する**と考えていました。しかし、信長は兵たちに**マスケット銃**を持たせ、敵の騎馬隊に対して**交互に鉄砲を撃つ**訓練をしていたと言われています。最初の隊が鉄砲を放つ、次に2隊目が前に出て撃ち、続いて3隊目が放つ――これが1分以内に繰り返されました。この交替しながらの一斉射撃により、武田軍の騎馬隊は壊滅的な打撃を受けました。

1575年の長篠の戦いで、勝頼は信長と家康に壊滅的な敗北を喫しました。信長の勝利は、主に3千人の**鉄砲足軽（鉄砲隊）**を効果的

長篠城城主：包囲された時に城を守っていたのは奥平貞昌。約500人の兵力で1万5千人の武田軍に対して防戦していたことで、岡崎城にいた家康は織田信長に援軍を要請した。

Totoumi provinces to the east. Katsuyori aimed to **recapture** the castle he had lost to Tokugawa forces the previous year. Victory there would serve as a **bridgehead** into the Mikawa territory controlled by Tokugawa forces.

Katsuyori was also motivated by the fact that the castle was under the command of Okudaira Sadamasa, a **former ally** who had **switched sides** and joined with the Tokugawa. Okudaira commanded a force of only 500 men, but he was able to defend the castle itself. Katsuyori elected to simply lay siege to the castle and wait until Okudaira's army **starved**. He did not know that a **low-ranking soldier** had been able to slip out of the castle, evade Takeda forces, and notify Nobunaga and Ieyasu of the drastic situation at Nagashino.

When **reinforcement troops** arrived, Katsuyori led the famous Takeda cavalry against them, assuming that Nobunaga's men would quickly **retreat**. However, Nobunaga had armed his men with **muskets** and is said to have trained them to **take turns firing** at enemy cavalry. One group fired, then a second group came forward and fired, and then a third group, all within one minute. These **rotating volleys** devastated Takeda mounted troops.

Katsuyori was routed by Nobunaga and Ieyasu at the Battle of Nagashino in 1575. Nobunaga's victory there was due in large part to his use of

に運用し、勝頼の**騎馬隊**を壊滅させたことによるものでした。これは、日本の合戦において火器が導入された初期の例であり、中世から近代的な戦さへの**大きな転換点**となりました。この時期には、大名の軍勢の約3分の1が鉄砲を装備していたとされていますが、勝頼の軍勢はその恩恵を受けておらず、それが大きな不運となったのです。

勝頼の敗北後、彼の**盟友**であった小田原の大名、北条氏政は、勝頼の**2大敵**に寝返りました。こうしたことを踏まえると、長篠の戦いは16世紀後半における日本統一の過程で、決定的な軍事的転換点の一つであったと言えるでしょう。

勝利したことで、東からの脅威を恐れる必要がなくなった信長は、一向宗（浄土真宗）の**門徒たち**が組織した一向一揆への**討伐に乗り出しました**。これがきっかけで、信長は中部日本での支配を強固なものとすることができたのです。

長篠の戦いによって、武田家は信長の天下統一の野望に対する深刻な脅威ではなくなりました。そして、1582年に勝頼が自害したことで、武田家の**滅亡**が一気に進む結果となりました。

一向宗：石山本願寺を中心に、織田信長と対立を続けていたが、長篠の戦いの後、信長が越前一向一揆の平定に乗り出し、1575年に一揆衆を制圧した。

3,000 **musketeer foot soldiers** (*teppo ashigaru*) who decimated Katsuyori's **mounted warriors**. One of the earliest introductions of firearms in Japanese battles, this was **a major shift away** from medieval warfare to modern warfare. By this decade, perhaps a third of daimyo armies carried guns, but Katsuyori's troops did not have this benefit, much to their misfortune.

Following Katsuyori's defeat, his **ally** Hojo Ujimasa, the daimyo of Odawara, switched his support to Katsuyori's **two strong opponents**. Therefore, a case can be made that the Battle of Nagashino was one of the decisive military battles in the process of Japan's unification in the late sixteenth century.

Nobunaga's victory removed the threat from his eastern border and allowed him to **mount a campaign** against the Ikko Ikki, **adherents** of the Buddhist Jodo Shin Sect. This helped Nobunaga consolidate his control over central Japan.

The battle marked the end of the Takeda as a serious threat to Nobunaga's efforts to unify the country, and it hastened their **ultimate destruction** in 1582, following Katsuyori's suicide that year.

今川義元

(1519年～1560年)

東海道沿いに戦略的に位置していたが、皮肉にも桶狭間の戦いで信長の少数の軍勢に敗れた。

有力大名たちは、軍事力と領地を蓄え、これらを基盤として国全体の支配権を得ようとする野心を抱いていました。しかし、大半の場合、大名にできることは、周囲の攻撃的な大名から現有の領土を守るのが精一杯で、わずかずつ領地を広げるのがやっとだったのです。

しかし、今川義元は異なっていました。彼の強みは領地の広さではなく、その位置にありました。義元の領地は、**京都と関東平野を結ぶ幹線である東海道沿い**に位置していました。これにより、彼は**情報伝達と軍の機動性**の両面で優位に立つことができたのです。義元はいくつかの点で独特でした。彼のリーダーとしての能力の一つは、**他の人々を説得して自らのために戦わせる**ことでした。これには、禅僧の雪斎長老という名の叔父も含まれていました。

太原雪斎：義元の教育係および軍師。義元より23歳年上で、義元が4歳の時から教育を担当。武田・北条・今川の三国同盟の締結に貢献。雪斎は今川家の最盛期を支えた重要人物であり、義元の軍事行動や政策決定に大きな影響を与えた。

Imagawa Yoshimoto

(1519–1560)

Strategically located on the Tokaido road, ironically defeated by Nobunaga's smaller force at the Battle of Okehazama.

Powerful rival daimyo possessed both military strength and land and had the ambition to use these as a base for gaining control over the entire country. But in the majority of cases, it was all they could do to defend their current territorial borders from aggressive neighboring daimyo and to perhaps expand those territories a bit at a time.

Imagawa Yoshimoto was different. It was not so much the amount of territory that he controlled but the location of that territory that mattered. Yoshimoto's domains were along the important Tokaido road, **the main route which connected Kyoto with the Kanto Plain**. This gave him an advantage in terms of both **communication and movement**. Yoshimoto was unique in several ways. One of his skills as a leader was to **persuade others to fight for him**, including his uncle, a Zen monk named Sessai Choro.

仮の宮廷：足利将軍家が実質的な権利を失った形式だけの宮廷。幕府は衰退し、宮廷文化で、形式的な権威を保とうとしていた。

寺部城攻略：1558年、徳川家康（当時の松平元康）の初陣とされる。17歳。軍事的才能が初めて示された戦いとされる。

雪斎が軍を率いて戦さを指揮する一方で、義元は彼の親族である足利将軍家が京都に築いた**仮の宮廷**で、**和歌の会や茶の湯の披露な**どの文化的な楽しみに興じていました。雪斎が軍を率い、同盟軍が戦さを支える中、**貴族気取り**の義元は安泰な立場を享受していたのです。

しかし、1555年に雪斎が死去すると、その指揮下で戦っていた若い武将たちが次第に独自の**野心**を抱き始めるようになりました。その中には、後に徳川家康と名乗ることになる、当時はまだ無名に近い若き武将がいました。しかし、それはまだ遠い未来の話であって、雪斎の死の時点では、家康は義元に仕える若き侍に過ぎなかったのです。家康が義元のために初めて戦ったのは、1558年の寺部城攻略でした。

1560年、義元は京都を目指し軍勢を整えました。その目的は、京都にいる将軍を自らの命に従わせることでした。しかし、京都へ**西進する計画**を進める前に、まずは尾張国を掌握する必要がありました。尾張を治めていたのは、ようやく権力を握ったばかりの小大名、織田信長でした。**信長を攻略する**のは、一見たやすいことのように思えました。義元は2万5千の兵を擁し、その数は信長軍のおよそ10倍におよびました。義元の軍勢は、国境沿いにある信長の砦を次々と容易に攻略していったのです。

慢心し、やや**油断した**義元は、進軍を一時

While Sessai led the campaigns, Yoshimoto enjoyed artistic pursuits in the **imitation court** that his Ashikaga relatives had created in Kyoto, complete with **poetry competitions** and performances of the tea ceremony. While Sessai led his armies and there were allies to support his military adventures, the **pretender to aristocracy** Yoshimoto prospered.

But Sessai died in 1555 and some of the young military commanders that has served under Sessai's leadership began to develop **aspirations** of their own. Among them was a young relatively unknown warrior who was later to take the name Tokugawa Ieyasu. That, however, was far in the future and at the time of Sessai's death, Ieyasu was merely a young samurai, in Yoshimoto's service. Ieyasu's first battle on behalf of Yoshimoto was the **capture** of the castle at Terabe in 1558.

In 1560 Yoshimoto made preparations to march on Kyoto. His aim was to make the latest Shogun residing there obey his commands. But first, in his plan to **march westward** to Kyoto, he had to take control of the Owari domain, ruled by a minor daimyo named Oda Nobunaga, who had barely gained power there. The prospect of **conquering Nobunaga** seemed easy enough. Yoshimoto had 25,000 troops, roughly ten times more than the Nobunaga army. Yoshimoto's forces easily captured several of Nobunaga's fortresses along the border.

Growing somewhat **complacent**, Yoshimoto took

桶狭間の戦い：1560年に尾張国知多郡桶狭間で起こった、織田信長軍と今川義元軍の合戦。今川軍約2万5千人に対し、織田軍は2千〜3千人と圧倒的な差があったにも関わらず、信長の奇襲攻撃が功を奏して織田軍の勝利となる。悪天候が織田軍に有利だった、今川義元が油断していた、織田軍のスパイ活動などが圧倒的な兵力の差を覆す要因となったとも言われる。

中断し、桶狭間の北、木々に覆われた狭い谷間で、当時の戦さでは一般的だった**首実検**の儀式を執り行いました。しかし、周辺地域を熟知していた信長は、**奇襲を仕掛ける準備を整えました**。夜陰に乗じ、激しい雷雨の中、わずか3千の兵を率い信長は奇襲を仕掛けたのです。今川軍の兵は、まったく奇襲に備えておらず、**四方に散り散りに逃げました**。そのため幕を張りめぐらした義元の本陣は、守る者もなく取り残されました。義元は瞬く間に討ち取られ、首をはねられ、同時に今川家の重臣たちも大半が命を落とすこととなりました。

この短期間の桶狭間の戦いで勝利を収めた信長は、一流の**軍事指揮官**として名を馳せました。この戦いを**日本統一**の始まりと見る人もいます。

戦国時代の勢力図
（甲信越とその周辺）

戦国時代における甲信越地方とその周辺の主要な勢力図（出典：Wikimedia Commons）。武田信玄を中心に、上杉謙信、北条氏康、今川義元など有力な戦国武将たちが複雑な勢力関係を持っていることを示している。

a brief break from his advance in a narrow wooded ravine north of Okehazama in order to perform the traditional **head-viewing ceremony,** common in warfare at the time. But Nobunaga knew the area well and prepared a **surprise attack**. Under cover of darkness and during a fierce thunderstorm, with only 3,000 men, Nobunaga launched a surprise attack. The Imagawa samurai were so unprepared for an attack that they **fled in all directions**. Yoshimoto's **curtained field** (*maku*) **headquarters** were left unprotected. Yoshitomo was quickly killed and beheaded and the majority of the senior Imagawa officers were killed.

Victorious in this brief Battle of Okehazama, Nobunaga entered the first rank of **military commanders.** Some see this particular battle as the beginning of the **unification of Japan**.

上杉謙信

(1530年〜1578年)

戦国の武僧で、武田信玄と5度にわたって川中島で戦い、後年には織田信長とも対峙した。

名前の変遷：幼名を虎千代といい、1530年長尾為景の末子として誕生。元服後に長尾景虎となる。上杉家を継承することになり1561年、32歳の時に上杉景虎と改名、同年に輝虎に。広く知られる上杉謙信の名は1570年、41歳の時。

戦国時代、そしてそれ以前から、一部の**地方大名**は京都や他の地方に居住し、実際の国元の統治を**守護代**と呼ばれる代理の統治者に委ねていました。その典型的な例として、越後の国（現在の新潟県）では、長尾氏が上杉家の**家臣**として仕えていました。しかし、長尾景虎の父と兄は守護代としての役目を十分に果たせなかったため、1549年、景虎は長尾氏の家督を継ぎ、一族を率いることになりました。

越後の大名である上杉憲政が、敵対する北条氏からの**保護**を求めて景虎のもとに逃れてきたとき、景虎はかつての主君、憲政の命を救うことをある条件付きで承諾しました。憲政は景虎を養子として迎え、正式に上杉家の一門に加えることとなったのです。その結果、上杉景虎は越後の領主となっただけでなく、**関東管領**という重要な地位も手に入れた

Uesugi Kenshin

(1530–1578)

Warrior-monk who fought five battles at Kawanakajima against Takeda Shingen, and later confronted Oda Nobunaga.

During the Sengoku Period—and even before then—some **provincial lords** resided in Kyoto or other provinces and left the actual governing to deputy governors known as *shugodai*. A case in point was Echigo Province (now Niigata Prefecture), in which the Nagao clan served as **retainers** for the Uesugi family. When his father and elder brother proved unable to carry out the deputy governor's duties satisfactorily, Nagao Kagetora took over as leader of his military family in 1549.

When the **Echigo warlord** Uesugi Norimasa came to him **for protection** from the Hojo, Uesugi's enemies, Kagetora agreed to save his former daimyo's life under one condition. Norimasa was to adopt Kagetora as his heir, formally adopting him into a branch of the Uesugi family. As a result, Uesugi Kagetora became not only the Lord of Echigo but also the **shogunal deputy for the Kanto region**, a

のです。

　この時点まで、彼は上杉景虎と名乗っていました。しかし、その後、頭を剃り**仏門に入り**、ついに広く知られる上杉謙信を名乗ることとなりました。

　武神を信奉する戦国大名として、謙信は織田信長や北条氏と対立し、戦さを交えることとなりました。しかし、謙信の**名を確立した**のは、1553年から1564年までの11年にわたる、武田信玄と川中島で繰り広げた5度に及ぶ戦いでした。川中島での戦いのたびに、謙信は信玄の攻勢を食い止め、**陣地や城を守り**抜きました。

　謙信は生涯独身であり、後継ぎとなる実子もいませんでしたが、1564年に北条氏と**同盟を結び**、その同盟を通じて北条氏康の子を**後継者として**養子に迎えました。謙信はその後、強大な織田信長と**対峙すること**になります。信長は、謙信の軍勢に包囲されていた能登国の七尾城の救援に向けて進軍してきました。謙信は手取川で信長軍と対峙し、巧みに**囮部隊**を使った陽動作戦で、信長に自軍が分散しているように信じ込ませました。これにより信長は**無謀ともいえる川を横切っての正面突破**を仕掛けるしかなくなりました。この戦いは、日本の歴史に残る**夜戦**となりました。

　謙信は1578年、関東平野の北条氏を攻めるための**軍事遠征**の準備の最中に没したとされています。

川中島の戦い：武田信玄の北信濃への侵攻で地元豪族が上杉謙信に援助を求めたことから始まった1553年から1564年までの12年間、5回にわたる戦闘。両者が勝利を主張する結果だったが、実質的には武田氏が川中島地方を支配下に置いた。この戦いは、両者の軍事的才能と戦略を示す象徴的な戦闘として歴史に残る。

七尾城：1428～1429年頃、能登畠山氏初代の畠山満慶が築城開始。1577年、上杉謙信の攻撃により落城。

手取川の戦い：1577年、加賀国の手取川で謙信軍が信長軍を撃破した合戦。上杉謙信の最後の大きな戦果となり、翌年の謙信の死によって両者の直接対決は実現しなかった。

major position of power.

To this point, he was Uesugi Kagetora. But when he later shaved his head and **became a Buddhist lay monk**, he finally took the name by which he is commonly known: Uesugi Kenshin.

As a warrior-monk, Kenshin's career led him into conflict with both Oda Nobunaga and the Hojo clan. However, it was the series of five battles, over eleven years from 1553 to 1564, with Takeda Shingen on the Kawanakajima plain that **established his reputation**. Each time they fought, Kenshin prevented Shingen from breaking through the defenses of his **field positions and castles**.

Kenshin never married and therefore had no son to succeed him, but in 1564 he **formed an alliance** with the Hojo through which Kenshin adopted Hojo Ujiyasu's son **as his heir**. Kenshin then **took on** the powerful Oda Nobunaga. Nobunaga was marching to the relief of Nanao Castle in Noto province, which was being besieged by Kenshin's forces. Kenshin met Nobunaga's army at the Tedori River, cleverly arranging a **decoy force** to make Nobunaga think that he has divided his forces. This encouraged Nobunaga to make **a fatal frontal assault across the river**. The result was one of the classic **night battles** of Japan's history.

Kenshin died in 1578 in the middle of preparing for another **military campaign**, supposedly against the Hojo in the Kanto Plain.

65

大村純忠

（1533年〜1587年）

九州のキリシタン大名。ポルトガル船を通じた貿易を奨励し、4人の若い日本人をヨーロッパ諸国へ派遣した。

　　　　　小大名の子であった有馬純忠は、肥前国（現在の長崎県の一部）を治める大村氏の養子となり、1551年にその家督を継ぎました。

　　　　　純忠は、自らの権力を強化するため、ポルトガルの貿易商人や**イエズス会の宣教師**と関係を築こうと、横瀬浦港の使用をイエズス会に許可しました。その見返りとして、**ポルトガルの貿易船**が毎年、この港に寄港するようになりました。

　　　　　しかし翌年、純忠の家臣が横瀬浦港を襲撃し焼き払ったことで、ポルトガル船は**寄港地**を福田、そして後には長崎など他の港へと移しました。重要なヨーロッパとの交易を続けるために、1580年、純忠は、**長崎をイエズス会に永久に譲渡**しました。

　　　　　戦国時代末期、とくに九州では、大村純忠をはじめとする多くの地方大名が**キリスト教**

イエズス会：1549年、フランシスコ・ザビエルが鹿児島に到着し、日本での布教活動を開始。九州を中心に布教活動が展開され、多くの大名や領民が改宗し、1587年までに約10万人以上の改宗者を得たとされる。一部の大名は、火薬の原料である硝石の入手を容易にするために改宗した面もある。英語の正式名称は、Society of Jesus.

Omura Sumitada

(1533–1587)

Christian daimyo in Kyushu who encouraged trade with Portuguese ships and dispatched four young Japanese to several European countries.

Son of a **minor daimyo**, Arima Sumitada was adopted into the Omura clan which ruled Hizen Province (now part of Nagasaki Prefecture), becoming the head of that family in 1551.

Seeking to strengthen his authority by forming ties with traders and **Jesuit missionaries** from Portugal, he granted use of his port of Yokoseura to the Jesuits. In return, they diverted the annual **Portuguese trading vessel** to that harbor.

When Yokoseura was destroyed by Sumitada's own vassal the following year, the Portuguese vessels shifted their **ports of call** to his other ports: Fukuda and, later, Nagasaki. To guarantee the continuation of this valuable European trade, Sumitada **ceded Nagasaki permanently to the Society of Jesus** in 1580.

During the late Sengoku period, a number of regional rulers especially in Kyushu, including

の洗礼を受けました。こうした大名は、キリシタン大名と呼ばれました。彼らは積極的に領内のイエズス会の宣教師の布教を支援し、ときには武力や脅迫を用いて、さらには地元に根付く宗教的な象徴や組織を破壊することもありました。これらの大名の動機はさまざまでしたが、大村純忠の場合、その目的はイエズス会がポルトガルの貿易船を自領の港に寄港させると約束したことでした。大多数のキリシタン大名がそうであったように、純忠もイエズス会の宣教師の利益よりも自らの利益を優先したのです。

大村純忠といえば、特筆すべきは1582年に天正遣欧使節として4人の若い日本人を派遣し、スペイン国王フェリペ2世やローマ教皇グレゴリウス13世の宮廷を訪問させたことです。イタリア人のイエズス会士アレッサンドロ・ヴァリニャーノが立案し、大村純忠（洗礼名：バルトロメウ）、大友宗麟、有馬晴信の3人の九州の大名がこれを支援しました。

ヴァリニャーノは、この使節を通じてイエズス会がアジアでどれほどの影響力を持つようになったかを教皇に示し、日本での布教活動をイエズス会に独占させ、財政的な援助を求めることも期待していました。また、この使節団は、日本人にヨーロッパを紹介する役目も果たしていました。

使節団の4人のメンバーは、有馬にあるイエズス会のセミナリヨ（神学校）で学ぶ12歳から13歳の学生でした。1582年に日本を出

天正遣欧使節：日本初のヨーロッパ公式使節団。10代前半の伊東マンショ、千々石ミゲル、原マルティノ、中浦ジュリアンの4人の少年が選ばれた。

Sumitada, became **baptized Christians**. They are referred to as *kirishitan daimyo*, Christian daimyo. They actively assisted the Jesuits in the conversion of their territories—sometimes by force, intimidation, and **the destruction of native religious symbols and organizations**. These rulers' motivations varied, but in Sumitada's case, it was the Jesuits' promise to have Portuguese trading ships call at harbors in his domain. Like the majority of the *kirishitan daimyo*, Sumitada **pursued his own interests** above those of the Jesuit missionaries.

Sumitada is memorable for sponsoring the mission of four young Japanese boys to the courts of Philip II of Spain and Pope Gregory XIII, known as *Tensho Ken'o Shisetsu*, in 1582. The Italian Jesuit Alessandro Valignano **conceived the plan** with the support of three Kyushu warlords: Sumitada (who was baptized as Bartolomeu), Otomo Sorin, and Arima Harunobu.

Valignano proposed the mission as a means of showing the Pope how influential the Jesuits were becoming in Asia and appealing to the Pope for a Jesuit **monopoly in proselytizing** in Japan—hopefully with financial subsidies. In addition, the mission was a way of introducing Europe to the Japanese.

The four members of the mission were 12 to 13-year-old students of the **Jesuit seminary** in Arima. Departing in 1582, they reached Portugal two years

発した彼らは、2年後にポルトガルに到着し、スペイン国王とローマ教皇から温かく迎えられました。その後、1590年の帰国まで、イタリア、スペイン、ポルトガルの各地を巡りました。

しかし、彼らが日本を離れている間に、豊臣秀吉が政権を握り、**禁教令を発したため、4人の若者はヨーロッパで得た知識を九州の限られた地域でしか広めることができませんでした。一方で、この使節団はヨーロッパにおける日本への関心を大いに高めることとなりました。

彼らが日本を離れている間に、1584年、島津氏が長崎を占領し、1587年にはそれまでの合意を無効にしました。**この年は、大村純忠が没し、秀吉が島津氏を破って長崎を掌握するとともに、一連の禁教令のうちの一つを発布した年でもあったのです。

禁教令：バテレン追放令。1587年6月19日に発布された。信長同様、当初はキリスト教を容認していた秀吉だが、その影響力が拡大するにつれ危機感を抱くようになる。長崎のイエズス会領の没収など厳しいものだった。

later, were warmly received by the king of Spain and the Pope. They travelled to other parts of Italy, Spain, and Portugal, before returning to Japan in 1590.

During their absence, however, Hideyoshi had come to power and begun to issue **anti-Christian edicts**, so the four young men were only able to spread their knowledge of Europe within limited parts of Kyushu. In reverse, however, their mission **had greatly stimulated European interest in Japan**.

Elsewhere, while they were gone, the Shimazu clan occupied Nagasaki in 1584 and **nullified the previous agreement** in 1587, the year that Sumitada died and the year that Hideyoshi defeated the Shimazu, not only taking over Nagasaki but also issuing one of **a series of anti-Christian edicts**.

天正遣欧使節肖像画

1582年に日本を出発し、ヨーロッパ各地を訪問した天正遣欧使節の姿を伝える貴重な資料（1586年にドイツのアウグスブルグで印刷された）。イエズス会の宣教師と共にヨーロッパを巡った少年たちの肖像が描かれており、彼らの旅が当時のヨーロッパに与えた衝撃を垣間見ることができる。

右上・伊東マンショ、右下・千々石ミゲル、左上・中浦ジュリアン、左下・原マルチノ。中央は案内兼通訳のメスキータ神父。

大友宗麟

(1530年〜1587年)

南九州で大きな権力を握り、一時仏門に入った後にキリスト教へ改宗。鉄砲や大砲の使用の先駆者。

　　大友義鎮(宗麟)は、鎌倉幕府の時代から**守護職**を務め、長く九州で**勢力**を誇った一族の出身です。義鎮の父は豊後国(現在の大分県の一部)と肥後国(現在の熊本県の一部)の守護を務めており、1550年に義鎮がその職を継承しました。

　　義鎮は大内氏や毛利氏と争い、北九州において政治的、軍事的な勝利を収めました。1559年、将軍である足利義輝は、義鎮に**九州探題**の職名を**授与**しました。これにより、彼は九州全土における**将軍の補佐官**となったのです。

　　この時代の他の**名高い人物**と同じく、義鎮も別の名で知られるようになりました。彼は1562年に仏門に入り(入道)、宗麟と名乗るようになりますが、その後、イエズス会の宣

九州探題：1336年、室町幕府によって、九州の守護大名統制と南朝勢力討伐を目的に設置された。大友宗麟(義鎮)も1559年、筑前、筑後、豊前の守護職に任じられると同時に、九州探題職を得た。宗麟は九州探題として任命された最後の人物の一人とされている。

Otomo Sorin

(1530–1587)

Granted considerable power in southern Kyushu, became a lay Buddhist monk, then a Christian, pioneer in use of muskets and cannons.

Otomo Yoshishige (Sorin) was born into a family that **had been prominent** in Kyushu for several centuries, serving as *shugo*, **military governors**, under the Kamakura shogunate. Yoshishige's father was the military governor of Bungo province (now part of Oita Prefecture) and Higo province (now Kumamoto Prefecture) and Yoshishige inherited those posts in 1550.

He competed against the Ouchi clan and the Mori clan, gaining political and military victories in northern Kyushu. The shogun Ashikaga Yoshiteru **conferred on** him the title of shogunal deputy, *Kyushu tandai,* in 1559. That made him the **shogun's deputy** in the entire island of Kyushu.

Like other **prominent figures** in this period, Yoshishige is better known by another name. He took the name Sorin after he became a Buddhist lay monk, *nyudo,* in 1562. When Jesuit missionaries arrived in

教師が九州に到来すると、1578年にキリスト教の洗礼を受け、洗礼名フランシスコを称しました。ただし、歴史的には大友宗麟の名が通っています。

宗麟は1576年に息子である義統(よしむね)に家督を譲り、**政治の第一線**から退きますが、**宗教活動**には関わり続けました。彼が最初にキリスト教に関心を持ったのは、1551年にフランシスコ・ザビエルを豊後に迎えたことがきっかけでした。最終的に洗礼を受け、イエズス会の布教活動を支援するようになる一方で、多くの仏教寺院を破壊しました。

宗麟は、ヨーロッパとのつながりを背景に、日本で戦いにいち早く**火器**を導入した大名の一人です。ポルトガルから輸入された大砲の使用は、日本の戦国大名同士の戦いに**大きな変革をもたらし**、九州がその始まりの地となったのです。

しかし、南九州の島津氏との戦いの結果、大友氏は次第に勢力を失っていきました。耳川の戦いでは大敗を喫しました。大友氏が存続できたのは、宗麟が**要請した秀吉の九州征伐**のおかげでした。宗麟が亡くなった後、息子の義統は秀吉によって豊後の大名として認められました。

仏教弾圧：宗麟は、住吉大明神の社を打ち崩す、万寿寺を焼き払うなどした。神社仏閣だけでなく、仏像や経典類まで徹底的に破壊。これが家臣の離反や領民の反乱を招いた。一方、ローマ教皇からは高く評価される。

耳川の戦い：1578年11月12日に日向国高城川原（現在の宮崎県木城町）で行われた、大友氏と島津氏の間の重要な合戦。最終的には島津軍の大勝利となり、大友軍に壊滅的なダメージを与えた。これにより、島津氏が九州統一への大きな一歩を踏み出すことになる。

Kyushu, he was baptized in 1578 taking the Christian name Francisco. Despite this, history remembers him as Otomo Sorin.

Although Sorin retired from his **political duties** in 1576, in favor of his son Yoshimune, he remained involved in **religious affairs**. His early interest in Christianity began when he welcomed Francis Xavier to Bungo in 1551. Eventually he was baptized, became a supporter of Jesuit missions, and also commenced a massive destruction of Buddhist temples.

Partly due to his European connection, Sorin became one of the Japanese pioneers of the use of **firearms** in warfare. The use of cannons imported from Portugal **significantly changed** warfare between warlords in Japan, and Kyushu was the starting point.

As a result of warfare with the Shimazu clan of southern Kyushu, the Otomo gradually lost power. They suffered a major defeat at the *Battle of Mimigawa*. The Otomo were saved only by Hideyoshi's invasion of Kyushu, which Sorin had **called for**. When Sorin died, Yoshimune was confirmed by Hideyoshi as the feudal lord of Bungo.

浅井長政

(1545年〜1573年)

当初は織田信長と手を結んでいたが、後に裏切り、姉川の戦いで敗れ、最終的に自害した。

近江国の北部（現在の滋賀県の一部）にある小谷城の城主であった浅井長政は、織田信長と同盟を結び、信長の妹であるお市（小谷の方）を妻に迎えました。しかし、長政は信長に背き、信長は朝倉義景の**領地への侵攻を中断せざるを得なくなります**。

1570年の姉川の戦いで、長政と朝倉景健（かげたけ）の指揮する義景の連合軍は、織田信長、徳川家康、羽柴秀吉の連合軍に敗れました。

近江北部では3年にわたり戦いが続きました。信長は各地を渡り戦いながら、**連合軍に包囲され**、追い詰められるのを防ごうとしました。信長は浅井の**本拠地**である小谷城を攻略することはできませんでしたが、京都・大坂という戦略的要地への進軍を阻んでいた**包**

姉川の戦い：1570年6月28日に近江国（現在の滋賀県）の姉川流域で行われた、織田信長・徳川家康連合軍と浅井長政・朝倉義景連合軍の合戦。信長の朝倉攻めに対し、浅井長政が裏切って朝倉側についた。家康軍が姉川を渡り、敵を挟み撃ちにする作戦が功を奏し、結果は織田・徳川連合軍の勝利に終わった。この戦いは、戦国時代後期の重要な転換点となり、織田信長の勢力拡大を示す象徴的な合戦となった。

76

Azai Nagamasa

(1545–1573)

First an ally then a betrayer of Oda Nobunaga, defeated at the Battle of Anegawa, committed suicide.

Lord of Odani Castle in northern Omi Province (now part of Shiga Prefecture), Azai Nagamasa **became an ally** of Oda Nobunaga, taking Nobunaga's sister Oichi, known as Odani no Kata, as his wife. However, Nagamasa turned against Nobunaga, forcing Nobunaga to **halt an invasion of the domains** of Asakura Yoshikage.

In 1570 in the Battle of Anegawa, the army of Nagamasa and that of Yoshikage, under the command of Asakura Kagetake, were defeated by armies under Nobunaga, Tokugawa Ieyasu, and Hashiba Hideyoshi.

Over a period of three years, warfare continued in northern Omi as Nobunaga moved from one front to another to try to prevent a **coalition** from encircling him and eliminating him. Although Nobunaga failed to capture Azai's **stronghold,** Odani Castle, his army broke the **cordon** that had barred his way to the

囲網を突破しました。

1573年、信長は（反信長の）連合軍の指導者であった将軍、足利義昭を**京都**から**追放**しました。その後、信長は義景の領地に攻め入り、これを滅ぼします。盟友を失い、さらに信長軍の攻撃を受けた浅井長政は、妻と子供たちを逃がした後、小谷城内で自害したのです。

浅井三姉妹

浅井三姉妹である茶々、初、江は、戦国時代を生きた3人の姉妹で、その波乱に満ちた人生は戦国時代の女性の運命を象徴しています。三姉妹は、父・浅井長政の滅亡、母・お市の死など、幼少期から苦難の人生を歩みました。それぞれが戦国時代の重要人物と結婚し、歴史に大きな影響を与えました。特に茶々と江は、豊臣家と徳川家という対立する両家の重要な立場に就き、戦国時代末期から江戸時代初期の政治に深く関わりました。

茶々（淀殿）
1569年頃に生まれた三姉妹の長女。後に豊臣秀吉の側室となり、秀頼を産む。大坂夏の陣で豊臣家の滅亡とともに最期を迎えた。

初（常高院）
1570年頃に生まれた三姉妹の次女。京極高次に嫁ぎ、若狭小浜藩主の正室となる。豊臣家と徳川家の間で調停役を務めた。

江（崇源院）
1573年頃に生まれた三姉妹の三女。3度の結婚を経験し、最終的には徳川秀忠の正室となる。徳川家光を含む2男5女を儲け、将軍の母として影響力を持った。

strategic Kyoto-Osaka area.

Nobunaga **drove** the shogun Ashikaga Yoshiaki, the anti-Nobunaga coalition's leader, **out of Kyoto** in 1573. He then invaded the territory controlled by Yoshikage and destroyed him. Having lost his ally and under attack by Nobunaga's armies, Azai Nagamasa ordered his wife and children to escape before he committed suicide in his castle.

伊達政宗

(1567年〜1636年)

本州北部の有力大名。一時は秀吉に従ったが、関ヶ原の戦いで家康に寝返り、外様大名の中でも屈指の存在となった。

独眼竜：1571年、5歳のときに天然痘にかかったのが元で片目の視力を失ったとされる。これにより、政宗は「独眼竜（一つ目の龍）」として知られるようになった。

　伊達政宗は、山形の**小大名**の子として生まれ、幼少期に片目の視力を失いました。そのため、**独眼竜**として知られるようになりました。政宗は1581年、**反抗勢力**の鎮圧戦で初陣を飾りました。これは彼が経験する数多くの戦さの始まりであり、とくに17歳で父の跡を継ぎ大名となってからは、さらに多くの戦いを経験することとなりました。

　政宗は北日本で次々と敵を打ち破り、陸奥・出羽へと勢力を拡大し、全国で三番目に大きな領地を持った大名へと成長しました。さらに、実母が弟の小次郎を家督に据えるために企てた**毒殺の陰謀をどうにか逃れます**。加えて、小田原征伐では秀吉に味方し、**北条氏の滅亡**に関与しました。

　この勝利により、秀吉は日本全土を掌握しましたが、政宗が治める**東北地方の一部だけは例外**でした。しかしながら、政宗は独立を

Date Masamune

(1567–1636)

Dominant warlord in north Honshu, temporarily sided with Hideyoshi, switched allegiance to Ieyasu at the Battle of Sekigahara, became one of the most prominent *tozama* daimyo.

Date Masamune, son of a **small daimyo** in Yamagata, lost sight in one eye as a child. As a result, he became known as the "**One-Eyed Dragon.**" Masamune first accompanied his father in battle against a **rebel forces** in 1581. It was the first of many battles that he would experience, especially after he succeeded his father as daimyo when he was only 17.

Defeating one rival after another in north Japan, Masamune expanded his domain through Mutsu and Dewa to become the third largest in the country. He **survived a plot** led by his own mother **to poison him** and make his younger brother Kojiro head of the clan. Masamune also sided with Hideyoshi in **the destruction of the Hojo** at Odawara.

This victory gave Hideyoshi control over all of Japan—**except for the far north,** where Masamune ruled. Masamune realized that he could not stand

大坂冬の陣：1614年11月19日、徳川軍約20万人が大坂城を包囲。真田幸村が真田丸を築き、徳川軍の攻撃を撃退。12月19日に和議が成立。

大坂夏の陣：1615年4月、豊臣側が城の修築や兵の増強を行ったことで再開。真田幸村らが徳川本陣に突入するも、最終的に敗退。5月8日、豊臣秀頼と淀殿が自害し、豊臣家が滅亡。徳川家による天下統一が完成。

大坂の陣は、日本の歴史上重要な転換点となり、その後260年以上続く徳川幕府の基礎を築いた戦いとなった。

維持することは不可能だと悟り、秀吉に**恭順の意を示**しました。その結果、秀吉の**臣下**となることで、自らの領地を維持することができたのです。

関ヶ原の戦いで政宗は徳川方につき、その功績により広大な仙台藩を与えられました。その後、**大坂夏の陣**においても豊臣方との戦いに参戦し、優れた指揮官として兵を鼓舞し、最終的な勝利に貢献しました。

徳川幕府の支配が盤石になると、政宗は国内屈指の外様大名となりました。政宗の功績の一つに、**新田開発**があります。米や物資の輸送を円滑にするため、北の北上川と福島県の阿武隈川を結ぶ運河、「貞山堀(ていざんぼり)」の建設を命じたのです。この運河により、政宗の領地は経済的に強化され、より効率的になりました。

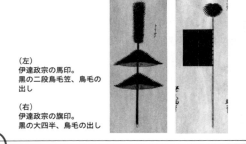

(左)
伊達政宗の馬印。
黒の二段鳥毛笠、鳥毛の出し

(右)
伊達政宗の旗印。
黒の大四半、鳥毛の出し

independently, so he **submitted** to Hideyoshi. As a result, Masamune was able to keep all of his territories by becoming a **vassal** of Hideyoshi.

In the Battle of Sekigahara, he sided with the Tokugawa, and was rewarded with the enormous Sendai domain. In **the final battles of the Osaka campaign** against the Toyotomi followers. His skill as a commander inspired the troops and helped achieve the final victory.

Once the Tokugawa shogunate was firmly in control of the country, Masamune became one of the strongest *tozama* daimyo in the country. Among his accomplishments was **land reclamation**. In order to make transportation of rice and other supplies easier, he ordered the construction of the Teizan-bori, a canal that linked the Kitakami River in the north with the Abukuma River in Fukushima Prefecture. This made his domain economically strong and more efficient.

馬印とは？

　馬印とは、戦国時代から江戸時代にかけて、大名や武将が戦場で自らの存在を示すために用いた標識です。旗指物と同様の役割を果たしますが、特に戦場での指揮官の居場所を示すために用いられました。馬印は、その形状やデザインによって所有者の家柄や個性を表すものでもありました。
　馬印と旗印は、伊達政宗の戦場における象徴であり、その存在感を示す上で重要な役割を果たしました。

コラム 支倉常長

伊達政宗はまた、ヨーロッパとの**直接的な外交・貿易関係**を築くことで、自らの領地を発展させようとしました。1613年、政宗は**小型ガレオン船**「サン・ファン・バウティスタ号」に少数の侍を乗せ、ローマ教皇を訪問し、スペイン国王フェリペ3世との謁見を試みる使節団を派遣しました。徳川家康の許可を得ての計画でした。

使節団を率いたのは支倉常長で、政宗から**教皇パウロ5世**宛の書簡を携えていました。その書簡には、日本でのキリスト教布教を支援するため、さらなる**宣教師**の派遣を求める内容が記されていました。政宗がキリスト教そのものに関心を持っていたのか、それともヨーロッパとの直接的な貿易関係を重視していたのかは定かではありません。

使節団はカリフォルニアとアカプルコを経由し、ハバナを通ってスペイン南部のカディス近郊に到着しました。1615年、支倉は政宗の新書を教皇に手渡すことができました。謁見の使命を果たした支倉とその**一行**は、スペイン、メキシコ、マニラ、長崎を経て帰路につき、1620年8月26日に仙台に到着しました。

しかし、支倉が日本を離れていた7年間の間に、幕府はキリスト教を禁止し、いわゆる「**切支丹**」と呼ばれる人たちの**迫害**を積極的に行うようになっていました。切支丹とは、ヨーロッパの宣教師によってキリスト教に**改宗**した人々を指します。徳川幕府は、**スペインやポルトガルの宣教師**が日本人を改宗させることで、とくに九州の一部の大名に影響を与え、幕藩体制を脅かす可能性があることを恐れていたのです。

Hasekura Tsunenaga

Date Masamune also sought to strengthen his domain by establishing **direct diplomatic and trade relations** with Europe. In 1613, he dispatched a **small galleon** named the *San Juan Baptista* with a small party of samurai on board to visit the Pope in Rome and attempt to visit King Philip III in Spain. This was done with the permission of Tokugawa Ieyasu.

Leading the **expedition** was Hasekura Tsunenaga, who carried a letter from Masamune to **Pope Paul V** asking for more **missionary** help in spreading Christianity in Japan. It is unclear whether Masamune was more interested in Christianity or in establishing direct trade relationships with the Europeans.

The mission passed through California and Acapulco, and via Havana reached the south coast of Spain near Cadiz. Hasekura managed to present Masamune's letter to the Pope in 1615. Having accomplished this part of his mission, Hasekura and his **entourage** began the return trip through Spain, Mexico, Manila, and Nagasaki, arriving in Sendai on August 26, 1620.

Unfortunately, during his seven-year absence from Japan, the shogunate had banned Christianity and was actively **persecuting** so-called *Kirishitan*, the Japanese word for those who had been **converted** to Christianity by European missionaries. The Tokugawa shogunate was afraid that **Spanish and Portuguese missionaries** would convert Japanese to a religion that would endanger the Tokugawa regime by influencing certain local daimyo, especially in Kyushu.

加藤清正

(1562年～1611年)

下級武士の出ながら武士としての素養を身につけ、秀吉のもとで九州を制圧し、2度の朝鮮半島出兵を果たした。誰と同盟を結ぶか複雑な思いを抱きながら、大坂城での秀頼の滅亡を見届けることなくこの世を去った。

　　幼少期は、虎之助の名で知られた清正は、尾張国（現在の愛知県）の豊臣秀吉と同じ村で育ちました。清正は、**鍛冶屋**の息子で、身分が高いわけではありませんでした。まだ幼い頃に父を亡くしています。

　清正と秀吉の母親が遠縁の関係にあったことから、清正は秀吉の**庇護を受ける**こととなります。清正は、馬上で十文字槍を巧みに操る**勇猛果敢な武将**としてその実力を発揮しました。戦さの腕を磨いた清正は、1583年の賤ヶ岳の戦いで、秀吉の「**(賤ヶ岳の)七本槍**」の一人に数えられるほどでした。

　秀吉の勢力が拡大すると、秀吉は子飼いの清正と小西行長を九州に派遣し、そこで起こった**武士の反乱**を鎮圧させました。1585年、清正は九州の**検地**を担当する重要な役割を任されました。その後、清正は肥後国（現在の熊

（賤ヶ岳の）七本槍：1583年に起こった賤ヶ岳の戦いで秀吉側として活躍した若手武将を指す。福島正則、加藤清正、加藤嘉明、脇坂安治、平野長泰、片桐且元、糟屋武則（または加須屋真雄）。この戦いは、秀吉と柴田勝家の間で行われた天下分け目の戦いで、この勝利により、秀吉は天下統一への道を開いた。

Kato Kiyomasa

(1562–1611)

A non-elite who developed samurai skills, dominated Kyushu under Hideyoshi, joined the two invasions of the Korean peninsula, had mixed feelings about who to become allied with, died before the decisive destruction of Hideyori at Osaka Castle.

Known as Toranosuke ("young tiger") as a boy, Kiyomasa grew up in Owari Province (now Aichi Prefecture), in the same village as Toyotomi Hideyoshi. He was the son of an **ordinary blacksmith**, not a member of the elite. Kiyomasa was still young when his father died.

Because of family connections between the two boys' mother, he was taken **under** Hideyoshi's **wing**. He proved to be a **fierce warrior** on horseback with a **cross-bladed spear**. By developing the military skills of a samurai, Kiyomasa became known as one of **Hideyoshi's "Seven Spears"** in the Battle of Shizugatake in 1583.

Hideyoshi's power grew, and he sent his followers Kiyomasa and Konishi Yukinaga to Kyushu to suppress a **samurai uprising** there. In 1585 Kiyomasa was given the important role of **inspector of taxes** in Kyushu. He was then given a large domain in part

本県）の一部に広大な領地を与えられ、熊本城
をその中心としたのです。これにより、清正
は正式に大名としての地位を確立しました。

　清正は日蓮宗の**熱心な信徒**となり、戦場で
は「南無妙法蓮華経」と書かれた旗を掲げて
いました。彼の信仰は、隣接する領地の**領主**
であり、キリスト教徒であった小西行長との
間に深刻な対立を生みました。

　清正、行長ともに、1592年と1597年の秀
吉による**朝鮮出兵**に加わりました。この朝鮮
出兵が終わると、清正は九州に戻り、熊本城
の築城に専念し、やがて九州北部を支配下に
治めます。

　九州が関ヶ原の戦いを起こした**勢力**から遠
く離れていたこともあり、清正はどちらの陣
営にもすぐには与しませんでした。清正は、
西軍の中心人物である石田三成に**強い恨み**を
抱いていました。朝鮮出兵の際に三成が**清正
の名誉**を傷つけることをしたからです。一方、
清正の宿敵である小西行長は、石田三成への
忠誠を誓いました。結果的には、この選択に
より彼は命を落とすこととなりました。行長
の死により、清正は肥後国のもう半分にあた
る行長の領地を自身の支配下に加える機会を
得ます。こうして、清正は広大な領地を所有
する大名となるのです。彼は熊本に**堅牢な石
垣**と、宇土櫓が聳える日本屈指の堅城を築き
ました。

清正の朝鮮出兵：清正
ら武断派は蔚山城の戦
いでの功績が正当に評
価されなかったこと、
三成側の報告により、
秀吉が一部の武将を蟄
居させるなどがあり大
きな不満を持った。

of Higo Province (now Kumamoto Prefecture), with Kumamoto Castle as its centerpiece. It was this that formally established him as a daimyo.

Kiyomasa became an **ardent follower** of the Nichiren sect of Buddhism, carrying into battle a flag with the sect's motto "Hail to the Lotus of the Divine Law," *'Namu myoho renge kyo'*. His religious affiliation clashed significantly with Konishi Yukinaga, lord of his neighboring **fief**, who adopted a Christian affiliation.

Both warlords participated in Hideyoshi's **invasions of Korea** in 1592 and 1597. At the end of the fighting, Kiyomasa returned to Kyushu, concentrated on constructing Kumamoto Castle, and eventually succeeded in controlling northern Kyushu.

In part because of the remoteness of Kyushu from the **factions** that eventually led to the campaign at Sekigahara, Kiyomasa was not quick to declare his support for either alliance. He carried **considerable resentment** toward the leader of the **western alliance**, Ishida Mitsunari, who had challenged **Kiyomasa's honor** during the Korean campaigns. His rival Yukinaga, however, declared his loyalty to Ishida Mitsunari. It cost him his life. This left Kiyomasa with an opportunity to add Yukinaga's domains to his own holdings in the other half of Higo. As a result, Kiyomasa became the daimyo of a huge domain. He built one of Japan's strongest castles at Kumamoto, which has **impressive stone walls** topped by the **Uto tower**.

清正は、徳川家康の名のもとに、肥後国の
残る半分を手中に収めたように見えました。
しかし、**秀吉の遺志**を重んじる気持ちから、
もし秀頼と徳川の間で国の分裂が平和的に解
決されるのであれば、秀吉の後継者である秀
頼を支えるほうが、自らにとって有利ではな
いかと考えるようになりました。

　結局、清正は**大坂の陣**で豊臣家と徳川家が
対決する４年前の1611年に亡くなりました。
毒殺されたのではないかという疑惑が残され
ています。

月岡芳年が描いた
加藤清正の虎退治の絵

　加藤清正といえば、勇猛果敢な猛将というイメー
ジで知られています。そんな清正が大きな虎を投げ
飛ばし、ねじ伏せているこの絵は、その非凡な力と
勇気を象徴し、戦国武将の英雄的イメージを強調し
ています。1592年の文禄の役での清正の活躍を題
材にしたとされていますが、実際の虎退治の真偽は
別として、当時広く知られていた逸話であったこと
からも清正の勇敢さを物語っています。

Kiyomasa appeared to claim the other half of Higo in the name of Tokugawa Ieyasu. But his loyalty to **Hideyoshi's memory** led him to feel that it might be more beneficial to him to support Hideyori, Hideyoshi's heir, in the event that Hideyori and the Tokugawa were able to reach a peaceful resolution to the division of the country.

In the end, Kiyomasa died in 1611, four years before the Toyotomi and Tokugawa families confronted each other in **the siege of Osaka Castle**. There are suspicions that he was poisoned.

石田三成

（1560年〜1600年）

豊臣政権のもとで台頭し、政治手腕に長け、関ヶ原の戦いでは西軍を率いたが、捕らえられ斬首された。

若い頃から、石田三成は秀吉に仕え、**小姓**を務めたとも言われています。1585年、秀吉が関白に就任すると、三成は政務を担う**十二奉行**の一人となりました。

秀吉が天下統一を進める中で、三成も次第に権力を強めていきます。秀吉は三成の功績に報い、近江の佐和山に広大な領地を与えました。佐和山は、本州の主要な諸国を結ぶ重要な**街道**の一つである中山道沿いにあり、非常に重要な場所に位置していました。

三成が**出世**していったのは、家柄や武将としての能力というよりも、**武家社会で熱狂的に重んじられた**茶の湯の腕前によるところが大きかったのかもしれません。茶の湯に対する深い理解と優れた点前の腕を買われ、秀吉の**側近**に取り立てられた三成は、豊臣政権の**中枢**で**政務**を担いました。彼の能力は実際は

十二奉行：豊臣秀吉が関白に就任した際に設置した行政機構で、中央集権的な統治体制の確立が目的。秀吉の側近や家臣から選ばれた12人の重臣で占められ、石田三成はこの十二奉行の一人として、秀吉政権の中枢で活躍した。

Ishida Mitsunari

(1560–1600)

Rose to power under Hideyoshi's regime, strength in administration, led Western army at the Battle of Sekigahara, was captured and decapitated.

As a youth, Ishida Mitsunari served as an **attendant** to Toyotomi Hideyoshi. When Hideyoshi rose to take the title of **regent** (*kampaku*) in the imperial court in 1585, Mitsunari became one of the **twelve commissioners** of the administration.

As Hideyoshi continued **unifying the country**, Mitsunari rose in power. As a reward for his services, Hideyoshi gave him a large domain at Sawayama in Omi. Sawayama was ideally located on one of several extremely valuable **post roads** connecting the main provinces of Honshu: the Nakasendo.

It is possible that Mitsunari **owed his rise in rank** less to his family's ties or skills as a warrior than to his skills at the tea ceremony, considered a **major cult** within the **military leadership**. Adopted into Hideyoshi's **inner circle** due to his understanding and prowess in the preparation and serving of tea, Mitsunari became **one of the top administrators** of

軍事的なものというよりも、**政務や参謀的な役割に関わるもの**で、そのことが戦場では不利に働くこととなったのです。

　三成は、1592年から1593年にかけての秀吉の**第一次朝鮮出兵**に軍務奉行として従軍し、後方支援を担いました。また、全国規模で行われた**土地調査**、「太閤検地」の中心的な役割を担いました。検地とは、土地の面積・価値・所有者を調査し、**課税**の基準とするために行われた**土地台帳調査**です。この調査が「太閤検地」と呼ばれるのは、秀吉が晩年に「太閤」と称されたことに由来します。

　この検地によって、それまでの土地所有制度はすべて廃止されました。**天下無敵**となった秀吉は、全国の土地所有権を**唯一掌握する立場**になりました。秀吉は、天下統一を成し遂げた三英傑の二人目として広く知られています。当然、三成の地位も決して軽いものではありませんでした。しかし、三成の役割は軍事的というより行政的な性質のものでした。1595年、三成は京都を中心とした政務を統括する五奉行の一人となりました。

　1598年、秀吉は病に倒れると、家臣たちを集め、5歳の息子秀頼が成人して国を統治できるようになるまで支えることを家臣たちに誓わせます。三成自身が本心から秀頼の政権を守ろうとしたのか、それとも自身の地位を高めるために秀頼を擁護していたのかは判然としません。しかし、秀吉の死後、三成は

Hideyoshi's staff. His skills seem to have been less military in nature and more on the **lines of staff membership**, which would not serve him well in battles.

Mitsunari served as a general in Hideyoshi's **first Korean invasion** in 1592–1593. And was a major figure in the nationwide **land survey** known as the *Taiko kenchi*. The *kenchi* were **cadastral surveys** of the extent, value, and ownership of land—for the purpose of **taxation**. This particular survey is called "the *Taiko kenchi*" because that was the title by which Hideyoshi was known in his later years.

This particular survey eliminated all previous landholding systems. The **national military hegemon** Hideyoshi now stood as the **sole possessor** of the rights of land ownership throughout the country. Hideyoshi was of course known as the second of **three unifiers** of the country, so Mitsunari's position was hardly insignificant. But again his role was less military in nature than administrative. In 1595, Mitsunari became one of **five commissioners** overseeing Kyoto's administration, the realm's political and cultural hub.

When Hideyoshi fell ill in 1598, he gathered his vassals and had them swear to support his five-year-old son Hideyori until the boy came of age to rule the country. Whether Mitsunari himself was sincere in his intent to secure Hideyori's right to rule or was only protecting Hideyori in order to advance his own status is hard to determine. But when Hideyoshi

その幼い息子を後継者として支えました。実質的に豊臣家の**忠臣たちの主導者**となった三成は、自らの権力掌握を図り、豊臣家に忠誠を誓う勢力を集めて**西軍**と呼ばれる軍を結成しました。

三成は有力な大名たちとともに、1600年の関ヶ原の戦いで**家康の同盟軍**と対峙しました。しかし、味方であった小早川秀秋が家康側に寝返ったことで敗北し、捕らえられ、最後は処刑されました。

大一大万大吉

「大一大万大吉」は、関ヶ原の戦いで石田三成が掲げた旗印の言葉です。「一人が万民のために、万民は一人のために尽くせば、天下の人々は幸福（吉）になれる」というもので、この旗印には、石田三成の政治理念や理想が反映されていると考えられています。戦国時代の多くの武将が勇ましい言葉を旗印にしたのに対し、三成は国家や政治の理想を掲げました。

died, Mitsunari supported Hideyoshi's young son as successor to his father's position. As essentially the **commander-in-chief** of the **loyalist forces**, Mitsunari schemed to take power himself, assembling Toyotomi loyalists in what became known as the **Western Army**.

Together with several major daimyo, Mitsunari faced off against the **allies of Ieyasu** at the Battle of Sekigahara in 1600. When his ally Kobayakawa Hideaki switched sides to join Ieyasu, Mitsunari was defeated, captured, and subsequently executed.

関ヶ原の戦いから徳川時代へ

歴代の徳川将軍のもとで、各地の大名は譜代大名（世襲の家臣）と外様大名（外部の家臣）に分けられました。譜代大名とは、関ヶ原の戦い以前から徳川家を支えていた大名のことを指します。一般に、譜代大名の領地は比較的小規模でしたが、幕府内で強力な**世襲の役職**を与えられていました。一方、外様大名は一般的に譜代大名よりも高い官位を持ち、**広大な領地**を有していましたが、その立場は、安定しているとはいえませんでした。

身分が定められたのは大名だけではありません。江戸時代とも呼ばれる徳川時代（1603年～1868年）には、社会が「士農工商」と呼ばれる階級制度に分けられ、武士、農民、職人、商人の順に社会的地位が定められていました。実際には、社会は事実上「武士」と「武士以外」に大別されていたといえます。

代表的な譜代大名：徳川家康が三河時代から仕えていた家臣が中心。

- 彦根藩 井伊家：石高：35万石（近江）——徳川四天王の一人、井伊直政を祖とする。
- 姫路藩 酒井家：石高：15万石（播磨）——徳川家康の信頼厚い家臣。
- 吉田藩 松平（本庄）家：石高：15万石（三河）——松平姓を与えられた本庄氏。
- 掛川藩 太田家：石高：5万石（遠江）——徳川家譜代の家臣。
- 佐倉藩 堀田家：石高：11万石（下総）——堀田正盛を祖とする。
- 小田原藩 大久保家：石高：10万石（相模）——大久保忠世を祖とする。
- 村上藩 本多（宗家）家：石高：5万石（越後）——本多忠勝の系統。

From Sekigahara into the Tokugawa Period

Under the **successive Tokugawa shoguns**, the warlords of the various provinces became divided into *fudai* daimyo (hereditary vassals) and *tozama* daimyo (outside vassals). The *fudai* daimyo were those who had supported the Tokugawa family before the Battle of Sekigahara. In general, they held comparatively smaller domains but they held powerful **hereditary posts** within the shogunate. The *tozama* daimyo generally held higher rank and possessed **larger domains** than the *fudai* daimyo, but they were less secure in their status.

It was not just the daimyo that **were assigned to a certain status**. During the Tokugawa period (1603–1868), also called the Edo period, society was divided into the hierarchy of *"shi-no-ko-sho,"* meaning "samurai, farmers, artisans, and merchants," in descending order of social status. In reality, the population was effectively divided into "samurai" and "non-samurai."

代表的な外様大名：多くは豊臣秀吉の家臣だった大名。

・加賀藩 前田家：石高：102万石（加賀、能登、越中）――五大老の一人、前田利家を祖とする。
・薩摩藩 島津家：石高:77万石(薩摩、大隅、日向)――戦国大名としての勢力を維持し、幕末にも大きな影響力を持った。
・仙台藩 伊達家：石高：62万石（陸奥）――伊達政宗を祖とし、仙台藩を築いた。
・広島藩 浅野家：石高：42万石（安芸、備後）――赤穂浪士で有名な浅野内匠頭の家系。
・福岡藩 黒田家：石高：52万石（筑前）――黒田官兵衛・長政親子を祖とする。
・熊本藩 細川家：石高：54万石（肥後）――細川幽斎・忠興親子を祖とする。
・岡山藩 池田家：石高：31万石（備前）――関ヶ原の戦いでの功績により入封。

高山右近

(1552年〜1615年)

キリスト教に改宗した関西地方の有力大名で、信長、そして秀吉の強力な同盟者。自身の信仰を捨てることを拒み、最終的に日本を離れてマニラへ渡り、そこで急逝した。

ポルトガル人の**イエズス会司祭**、ガスパル・ヴィレラは、1559年に京都に入りました。彼は近隣諸国でのキリスト教の布教を許されました。彼が布教し、**改宗した者**の中には、大名・高山図書(ずしょ)とその息子の右近がいました。右近は1564年、11歳のときに洗礼を受け洗礼名ジュストを名乗るようになります。彼は**著名なキリシタン大名**となり、右近のもとで教会は京都周辺に根付いていきました。

右近は、1573年に主君の和田惟長(これなが)を、**正当防衛**とも言われますが、殺害し、その名を知られるようになりました。その後、1586年には新たな主君である荒木村重を裏切りました。そして、右近は織田信長と同盟を結びます。当時の信長は、政治的な理由からキリスト教に**寛容な姿勢**を示していました。右近は、大坂と京都の間に位置する高槻の人々をキリスト教へ改宗させようと努めました。

Takayama Ukon

(1552–1615)

Major daimyo in Kansai region to convert to Christianity, a powerful ally of Nobunaga then of Hideyoshi, unwilling to surrender his faith, he eventually left Japan for Manila, where he died prematurely.

The Portuguese **Jesuit priest** Gaspar Vilela arrived in Kyoto in 1559. He received permission to preach Christianity in the neighboring provinces. Among his **converts** was the daimyo Takayama Zusho, and his son Ukon, who was baptized in 1564 at the age of eleven. Taking the Christian name Justo, Ukon became a **prominent Christian daimyo** (*kirishitan daimyo*). Under Ukon, the church gained a foothold in the Kyoto region.

Ukon first made a name for himself by killing his lord, Wada Korenaga, **arguably in self-defense**, in 1573 and went on to betray his new lord, Araki Murashige, in 1586. He then allied himself with Oda Nobunaga, who at that time was **favorable toward** Christianity for political reasons. Ukon attempted to convert the people of Takatsuki, between Osaka and Kyoto, to become Christians.

山崎の戦い：1582年6月13日に現在の京都府大山崎町付近で行われた羽柴秀吉軍と明智光秀軍の合戦。本能寺の変から11日後に起こった、織田信長の後継者を争う戦いでもある。わずか1時間半で秀吉軍の勝利に終わり、光秀は逃走中に討たれ、13日間の政権が終わった。この戦いは、秀吉の「中国大返し」と呼ばれる迅速な軍の移動が勝因の一つとなり、戦国時代の転換点となった。

　右近は、1582年の山崎の戦いで、織田信長を討った明智光秀に対抗して秀吉側につき重要な役割を果たしました。この戦いでの勝利は、秀吉が天下統一への覇権を握る上で大きな一歩となりました。

　しかし、1587年、秀吉は日本からキリスト教を一掃する禁教令を発布しました。この禁教令は、その後の諸法令の基礎となり、最終的には日本の鎖国へとつながることになります。これが後の「鎖国時代」の土台となりました。

　この禁教令を発布したのと同じ日に秀吉は、長年彼に忠誠を尽くし、個人的にも親しかった人物に対して、**思い切った措置を講じました**。その人物こそが、明石の大名・ジュスト高山右近でした。秀吉は右近に命令と問いを突きつけます。右近が引き続き秀吉に仕えたいのであれば、信仰を捨てなければならないというものでした。

　右近は、家臣としての**立場**に関することならばすべて従うが、**信仰を捨てることはできない**」と答えました。

　さらに、右近は問いに答え、自身の家臣たちを**キリスト教へ導いた**ことは、自らの**最大の功績**だと述べました。予想通り、右近は領地を取り上げられ、彼の政治的・軍事的な野望はすべて水泡に帰しました。その後、秀吉は右近を加賀の大名・前田利家に身柄を預けました。

He played a major role in the Battle of Yamazaki in 1582, siding with Hideyoshi against Akechi Mitsuhide, who had assassinated Oda Nobunaga. That victory at Yamazaki was a major step in Hideyoshi's attempt to win succession to national hegemony.

However, in 1587 Hideyoshi issued an **edict** banning Christianity from Japan. This would be the foundation of **other decrees** that would eventually lead to the **closing of the country** to foreign relations, creating what is known as the Sakoku jidai.

On the same day that he issued that decree, Hideyoshi **took drastic steps** against a man who had served him loyally and been tied to with personal friendship. That man was Justo Takayama Ukon, daimyo of Akashi. Hideyoshi presented Ukon with a command and a question. If Ukon wished to continue in Hideyoshi's service, Ukon would have to abandon his Christian faith.

Ukon's reply was that he was willing to obey the ruler in everything that concerned his **status** as a vassal, but he would not **abandon his faith**.

Further—he responded to the question—his efforts in **evangelizing** his own retainers was, he considered, his most **outstanding achievement**. As expected, Ukon's territory was taken from him and all of his political and military ambitions had come to nothing. Hideyoshi then entrusted Ukon to the care of the daimyo of Kaga, Maeda Toshiie.

その右近は、意外にも茶の湯に深く傾倒し、少なくとも一度は秀吉から茶会やその他の遊興に同席者として招かれました。右近は1596年までの数年間、大坂・京都周辺で**布教活動**を行いました。しかし、**反キリスト教感情**が高まり、1597年には長崎で**26人のキリスト教徒**が十字架にかけられ殉教しました。右近も処刑者のリストに載っていましたが、京都を管轄していた石田三成が密かにその名を除外しました。

やがて右近は、金沢で前田利長の**信頼厚い家臣兼顧問**となります。しかし、1614年に家康がキリスト教宣教師と右近のような**キリシタンの指導者**の**追放**を命じると、日本国内には身を寄せる場所はなくなりました。

そしてついに1614年11月、右近は**追放された宣教師**たちとともにマニラに向けて船出しました。マニラ総督は、彼の家族への収入と支援を申し出ましたが、右近はそれを辞退します。おそらく、信仰に専念できる自由を得たかったためだったのでしょう。マニラ到着から40日後、63歳で病に倒れ、その生涯を閉じました。

二十六聖人の殉教：1597年2月5日（慶長元年12月19日）に長崎で行われたキリスト教徒の公的な処刑。キリスト教迫害の始まりを象徴であり、後の徳川幕府によるキリシタン禁教令につながる事件。

Surprisingly, Ukon became engrossed in the tea ceremony, and on at least one occasion was invited by Hideyoshi as a companion in tea ceremonies and other pastimes. Ukon spent the years up to 1596 **proselytizing** in the Osaka-Kyoto area. But **anti-Christian sentiment** increased and in 1597, **twenty-six Christians** were martyred on crosses at Nagasaki. Ukon had been on the list to be crucified, but his name was subtly deleted by Ishida Mitsunari, who was overseeing Kyoto at the time.

Eventually Ukon became a **trusted vassal and adviser** to Maeda Toshinaga in Kanazawa. But when Ieyasu ordered the **expulsion** of all Christian missionaries and **Christian leaders** like Ukon in 1614, there was nowhere in Japan to retire to.

Finally in November 1614, he sailed with the **expelled missionaries** to Manila. He was offered an income and support for his family by the Governor of Manila, but he declined perhaps because he was free to devote himself entirely to spiritual matters. Forty days after his arrival in Manila, at the age of sixty-three, he fell ill and died.

島津義弘

(1535年〜1619年)

九州という権力の中心から遠く離れた地で、島津氏はポルトガル人から新たな武器を手に入れ、大きな戦力の優位性を得ることとなった。同時に、ヨーロッパからそれまでにはない新しい宗教も受け入れた。

島津氏は代々、中央政治の中枢には加わらなかったものの、**地方の支配者としてその権力を維持し続けました**。島津氏が支配していた薩摩、大隅、日向(ひゅうが)の三国は、九州南部に位置し、京都や関東平野の権力の中心地から遠く離れていました。しかし、第15代当主・島津貴久の治世になると、その状況は大きく変わります。1543年、**難破したポルトガル人商人が島津領の種子島に漂着したのです**。

種子島漂着:ポルトガル人3名と中国人や琉球人を含む計百数十名が、1543年8月25日に種子島に漂着。ポルトガル人から島主が2千両で鉄砲2挺を購入、また鉄砲の製造や火薬製法を学ぶ。日本に鉄砲が伝来し、戦国時代の戦い方を変える契機となり、日本とヨーロッパの文化交流の始まりを象徴する出来事となる。

ポルトガル人はヨーロッパ製の**火縄銃**を持ち込みました。これは日本に初めてもたらされた銃でした。貴久は**刀鍛冶たちに銃の製造**を命じ、彼らを鉄砲鍛冶として育成しました。そして、加治木(かじき)城を攻略する際、日本で初めてこの新兵器を実戦で使用した大名となりました。ちなみに、貴久は日本に初めて訪れたキリスト教宣教師であるイエズス会士フラン

106

Shimazu Yoshihiro

(1535–1619)

In Kyushu—far from the center of power—the Shimazu gained a new weapon from the Portuguese that gave them an entirely new advantage, and a new religion, imported from Europe.

For many generations, the Shimazu clan remained outside the central political life of the country, yet remained in power **as local rulers**. The three provinces of Satsuma, Osumi, and Hyuga, which they controlled were in southern Kyushu, far away from the center of power in Kyoto and the Kanto plain. That changed during the rule of the fifteenth Shimazu daimyo Shimazu Takahisa. In 1543 some **shipwrecked** Portuguese traders landed on the island of Tanegashima, which was in Shimazu territory.

The Portuguese brought with them some European **arquebuses**, the first ever seen in Japan. Putting his **swordsmiths** to work as **gunsmiths**, Takashisa became the first daimyo in the country to use these new weapons in battle when he took the Kajiki castle. In passing, he also entertained the Jesuit priest Francis Xavier, who arrived as the first Christian missionary in Japan.

シスコ・ザビエルをもてなしました。

　天下統一を目指した三英傑の二人目である豊臣秀吉は、島津氏を自らの野望にとっての脅威と見なしました。そのことにより、貴久の息子たちは、**秀吉の九州侵攻**から、領地を守ることを余儀なくされました。秀吉は1587年に島津氏を破ったものの、**先祖伝来の領地を島津氏が維持することを許し、島津家の家督を貴久の子・義弘に譲るよう命じました。

　その後、義弘は秀吉の朝鮮出兵において、**島津軍の部隊**を率いて参戦しました。1598年、朝鮮出兵の終盤に、義弘は息子・忠恒とともに泗川城を守り抜きました。**明軍が城を攻撃した際、義弘は兵たちに絶好の機会が来るまで待つように命じました。ついに義弘の軍勢が反撃を開始すると、その猛攻は明軍にとって朝鮮半島での最悪の敗北となりました。島津軍は秀吉のために大いに戦果を挙げたのです。

　関ヶ原の戦いでは、島津軍は徳川方に敵対する陣営につきます。敗北を喫したものの、義弘は戦場からの脱出に成功し、軍勢を無事に九州へ帰還させました。その後、負けはしたものの義弘は、**仏門に入る**ことと、領地を忠恒に譲ることを条件に許され、晩年は穏やかに過ごし、天寿を全うしました。

泗川城：朝鮮半島南部の慶尚南道泗川市に位置する倭城。1597年に長宗我部元親・毛利良成らが築城。1598年の泗川の戦いで、島津軍が明・朝鮮連合軍の大軍を撃退した。島津軍の勝利により、「鬼島津」の異名を得る。泗川城は、文禄・慶長の役における日本軍の重要拠点として機能した。

Toyotomi Hideyoshi, the second of **three warlords** who attempted to unify the whole country, saw the Shimazu as a threat to his ambitions. Takahisa's sons were forced to defend the domain against **Hideyoshi's invasion of Kyushu**. Although he defeated the Shimazu in 1587, Hideyoshi allowed the Shimazu to keep their **ancestral lands** and ordered the leadership of the Shimazu to be given to Takahisa's son Yoshihiro.

Yoshihiro later led the **Shimazu contingent** in Hideyoshi's invasion of Korea. In 1598, at the end of the Korean campaign, he defended the castle of Sach'on with his son Tadatsune. When the **Ming army** attacked the castle, Yoshihiro had his men wait until the perfect moment. When his troops finally began to fight, their powerful attack became the worst defeat of the Chinese on the peninsula. The Shimazu served Hideyoshi well.

At the Battle of Sekigahara, the Shimazu sided against the Tokugawa allies. The Shimazu were defeated, but Yoshihiro managed to escape the battlefield and return his troops to Kyushu safely. Yoshihiro was later pardoned on the conditions that he **become a Buddhist monk** and turn over his domains to Tadatsune. Yoshihiro died peacefully of old age.

北条氏康

(1515年～1571年)

小田原北条家の三代のうち、最も勢力を振るい、小田原を交易の拠点として発展させた。さらに、上杉謙信に対して驚くべき夜襲を敢行し、強大な領地を後継者に残した。

　　伊勢新九郎長氏(1432年～1519年)は、後に北条姓を名乗り、その後、「早雲」という法名を使いました。北条姓が鎌倉幕府の執権・北条氏と区別されるよう、「後北条」と呼ばれています。

　　わずか六人の家臣とともに勢力を築き始めた早雲は、その卓越した軍略を駆使して家臣を増やし、領地を拡大しました。1491年、早雲は伊豆国(現在の静岡県の一部)を掌握し、間もなく小田原城を手中に収めます。さらに1516年までに武蔵・相模国(現在の東京都・埼玉県・神奈川県)を支配下に置き、事実上、**関東全域を治める勢力**へと成長しました。

　　早雲の後を継いだのは息子の北条氏綱で、彼は、後に徳川政権の中心となる江戸の、その時はまだ小規模だった城を一時期支配下におきました。こうして、小田原北条氏はわず

小田原北条氏：初代は北条早雲(伊勢新九郎長氏)で、当初は今川氏に仕えていた。2代目として1518年頃、北条氏綱が家督を継承、3代目の北条氏康は検地や税制改革を実施、領国支配を確立した。1590年に豊臣秀吉の小田原の役で降伏。小田原北条氏は、鎌倉時代の北条氏とは別の一族で、同じ姓を名乗ることで関東支配の正当性を主張した。約90年間にわたり関東地方を支配した。

Hojo Ujiyasu

(1515–1571)

Strongest of three Odawara family leaders, developed Odawara as a trading hub, led an exceptional nighttime attack on Uesugi Kenshin, and left a powerful domain to his descendants.

Ise Shinkuro Nagauji (1432–1519) later adopted the surname Hojo and then used the religious name Soun. To distinguish his surname from the Hojo clan **regents** during the Kamakura Shogunate, he and his descendants are often called the Go-Hojo or Later Hojo.

He began **his family's dominance** with only six men under his command. Using his military skills, he gained more retainers and added to his own territories. In 1491 he seized control of Izu Province (now part of Shizuoka Prefecture) and shortly thereafter took over Odawara Castle. By 1516 he controlled Musashi and Sagami Provinces (now Tokyo, Saitama, and Kanagawa) essentially **ruling the entire Kanto region**.

Soun was succeeded by his son Hojo Ujitsuna, who at one point was able to take control of the as yet minor castle in Edo, the future center of the Tokugawa regime. So, over two generations, the Odawara Hojo

か二代のうちに、小さな領地から大勢力へと成長し、**鎌倉を再興**し、江戸城と小田原城を支配するまでになりました。

1541年、北条氏康が北条氏の**三代目当主**となりました。氏康は歴代五人の北条大名の中でも最も優れた名将とされています。氏康は領地の統治機構を再編し、城下町・小田原を重要な**交易拠点**へと発展させました。

上杉軍が河越城（かわごえ）を攻めた際、氏康の弟である綱成はわずか3千の兵で防衛していました。そこへ氏康が8千の兵を率いて救援に向かいましたが、それでも上杉軍の8万という圧倒的な兵力には遠く及びませんでした。しかし、氏康は怯むことなく**大胆な夜襲**を決断します。氏康は、兵たちに重い鎧を身につけないよう命じました。忠実な北条の兵たちはこの作戦を完璧に実行し、「十倍の敵を破る」という壮絶な勝利を収めたのです。この戦いは、侍の歴史において最も名高い**夜戦**の一つとなり、さらには関東平野全域の支配を決定づける転機ともなったのです。

1559年、氏康は**正式に家督**を息子の氏政に譲りますが、1561年、上杉謙信が小田原城を**包囲**しようとした際、北条氏を率いていたのは氏康でした。謙信は城下町を焼き払ったものの、城は落とせず撤退しました。さらに、1569年には武田信玄も小田原城を包囲しますが、こちらも失敗に終わっています。

clan grew from a small territory to a major power, one that **rebuilt Kamakura** and controlled the castles at Edo and Odawara.

In 1541, Hojo Ujiyasu became the **third head of the clan**, and is considered the best of the five Hojo who became daimyo. Ujiyasu reorganized the administration of Hojo lands and turned his castle town Odawara into an important **trading hub**.

When the Uesugi clan tried to take Kawagoe Castle, defended by his brother Tsunanari and an extremely small **garrison** of 3,000, Ujiyasu came to his rescue with 8,000 soldiers. This combined force was greatly outnumbered by the Uesugi force which had 80,000 warriors. But Ujiyasu was so confident that he decided to make a **risky night attack** against the Uesugi. Ujiyasu issued orders that his men were not to overburden themselves by wearing heavy armor. The loyal Hojo samurai followed his plans perfectly and **triumphed against one to ten odds**. His victory became not only one of the most notable **nighttime battles** in samurai history but also a turning point in the control of the entire Kanto Plain.

Although he passed **formal leadership** of the family to his son Ujimasa in 1559, Ujiyasu led the Hojo when Kenshin attempted to **besiege** Odawara Castle in 1561. Kenshin burned down the town, but withdrew without taking the castle itself. Takeda Shingen also attempted to besiege Odawara Castle in 1569, but he also failed.

柴田勝家

(1522年頃〜1583年)

かつては織田信長と敵対関係にあったが、後に信長の配下となる。農民と侍の階級を分け、武装した一向一揆を討伐したが、賤ヶ岳の戦いで敗北を喫した。

　柴田勝家は、織田信長の弟である信行を擁立し、信長に取って代わろうとする謀反に加わり、武士としての頭角を現わし始めました。しかし、その後翻意して信長に降伏すると、信長の重臣となり、主だった戦いで活躍するようになります。とくに、浅井長政や朝倉義景を滅ぼす戦さで功を挙げ、名を馳せました。

　信長の命により越前国の統治を任された勝家は、武士と農民の分離政策を実施し、農民が農作業に専念できるようにしました。また、「刀狩り」を実施し、村人や名主、僧侶が刀や槍を所持することを禁止しました。さらに、収入源を明確にするために土地調査（検地）を行いました。

　勝家は越前国において、武装した一向一揆勢との戦いで功を立て、その勢力を弱体化させました。さらに、加賀と能登（現在の石川県）

Shibata Katsuie

(1522?–1583)

Former opponent of Oda Nobunaga, became a Nobunaga commander, divided peasants and samurai into different classes, defeated armed Ikko-ikki Buddhists, was defeated at Battle of Shizugatake.

Shibata Katsuie began his **military career as a prominent samurai** who joined a **plot** to replace Oda Nobunaga with his brother Nobuyuki. But once he **reneged and submitted** to Nobunaga, he became one of Nobunaga's **prominent commanders**, gaining distinction in Nobunaga's major battles that destroyed the daimyo Azai Nagamasa and Asakura Yoshikage.

Assigned by Nobunaga to govern Echizen Province, Katsuie carried out the **separation of the peasant from the samurai class**. This kept the farmers working on the land producing crops. He also carried out a **"sword hunt,"** to prevent villagers, **headsmen**, and priests from possessing swords and spears. He administered a land survey to establish sources of income.

Katsuie **distinguished himself** in wars against armed groups of Ikko-ikki sect Buddhists in Echizen Province, reducing their potential power. His defeat of

でも一向一揆を討伐し、これが彼の最後の大きな軍功となりました。

勝家の業績はすべて、信長が各地を治めるための統治方針の特徴にあります。その政策は、後に秀吉や家康によっても受け継がれました。

1582年に信長が亡くなると、**後継をめぐる戦い**が勃発しました。当時、越前（現在の福井県の一部）と加賀（現在の石川県の一部）を支配する有力大名であった勝家は、覇権を巡って秀吉と争いましたが、1583年の賤ヶ岳の戦いで敗北を喫します。戦場から自分の城へ撤退し、その三日後、天守に登り自刃しました。

賤ヶ岳の戦い：1583年4月に羽柴秀吉と柴田勝家の間の決戦。信長の死後の後継者争いから発展したが、最終的には秀吉軍が勝利を収め、勝家は北ノ庄城で自刃した。これにより秀吉が織田信長の権力と体制を継承し、天下統一への道を開いた。秀吉側の若手武将の活躍は「賤ヶ岳の七本槍」として有名。

柴田勝家と小谷の方（お市）

二人の関係は、戦国時代末期の政治的な動きと深く結びついています。1582年、本能寺の変で織田信長が死去した後、清洲会議で二人の結婚が決定されました。婚儀は本能寺の変からわずか4ヶ月後の1582年8月20日に岐阜城で行われました。この結婚は政略的な意味合いが強く、羽柴秀吉の策略だったという説もあります。

お市にとっては2度目の政略結婚でした。勝家は当時57～62歳程度、お市は35歳前後だったと推測されます。

1583年、賤ヶ岳の戦いで勝家が羽柴秀吉に敗れた後、二人は北庄城（現在の福井市）に籠城しました。秀吉軍に攻められ、1583年6月14日、勝

the sect in Kaga and Noto (now Ishikawa Prefecture) was his last major military accomplishment.

All of **Katsuie's accomplishments** were aspects of Nobunaga's approach to ruling the provinces. The same policies would later be followed by both Hideyoshi and Ieyasu.

When Nobunaga died in 1582, a **war for succession** broke out. Katsuie, then the powerful daimyo of Echizen (now part of Fukui Prefecture) and Kaga (now part of Ishikawa Prefecture) **contended** with Hideyoshi for dominance but was defeated by Hideyoshi at the Battle of Shizugatake in 1583. He withdrew from the battlefield to his castle, and three days later climbed to the **castle tower** and committed suicide.

家とお市は共に自害しました。お市は勝家の説得にも関わらず、共に死ぬことを選んだとされています。

　この結婚は、織田信長亡き後の権力争いの中で行われた政治的な動きの一つであり、二人の最期は戦国時代の終焉を象徴する出来事の一つとなりました。

コラム 検分（首実検）

　日本の武士の戦いには、もう一つ血なまぐさい習慣がありました。それは、**敵の武将を討ち取り、その首を主君に差し出す**ことです。戦闘の最中に敵の首を討ち取り、それを自らの勇敢さと勝利への貢献を示す証の意味もありました。

　戦いに勝利すると、**大将は自身の家紋が入った陣幕**で囲まれた本陣を設営しました。大将はその中に座り、そこで**敵の首を見る**という**異様な儀式**を行いました。これは戦いがうまくいったことの象徴でした。**名高い武将**の首は詳しく調べられ、評価の対象となりました。また、武士の首は下級の足軽のものよりも価値が高いとされました。

　その後、討ち取った首は晒されたり戦場から槍に刺して運ばれたりすることもありました。これは、勝利を祝うとともに、武士たちの功績を讃える意味を持っていたのです。

　有名な例として、今川義元は桶狭間の戦いで織田信長と対峙した際、首実検の儀式を行うために**進軍を一時停止しました**。しかし、義元はこの判断を後悔したに違いありません。兵力で大きく劣る信長の軍勢は、義元の軍をほぼ壊滅させ、ついには義元自身も討ち取られ、首をはねられたからです。

Head-viewing Ceremony

Japanese warfare had one additional gory element: beheading **high-ranking enemies** and presenting the heads to one's lord. In the midst of a battle, the head would be taken and presented as evidence of one's bravery and contribution to the lord's victory.

Following a battle victory, a **commander** would set up headquarters screened by a **curtain** with the commander's *mon* (crest). The commander would sit within this closed off area for the **bizarre ritual** of **viewing enemy heads**, symbols of a job well done. The heads of **illustrious figures** were examined and commented on. The head of a samurai was superior to that of a lower-ranking foot soldier.

The heads might then be displayed or carried on pikes from the battlefield. This celebrated the victory and the honor achieved by the warriors.

In one famous case, Imagawa Yoshitomo **halted an advance** on the Okehazama battlefield against Oda Nobunaga long enough to hold a head-viewing ceremony. He must have regretted this action. With far fewer numbers of warriors, Nobunaga essentially annihilated Yoshitomo's troops, and beheaded Yoshitomo.

明智光秀

（？～1582年）

織田信長のもとで検地を担当した行政官であり、武将。本能寺の変で信長を裏切り、自ら天下掌握を狙うも、最終的には光秀であると知らぬ農民によって殺された。

光秀が歴史に登場したのは、京都における**政務官兼軍事指揮官**としてでした。彼は、勢力を拡大し続ける織田信長と、将軍・足利義昭との間を取り持つという難しい役割を担っていました。

信長とともに近江（現在の滋賀県）でいくつかの戦さに参加した後、光秀は褒賞として同国の坂本城を与えられました。さらに、1580年には丹波国（現在の京都府と兵庫県の一部）を**平定する任務**を与えられ、大和国（現在の奈良県）と丹後国（現在の京都府北部）での**農地検地**を行うための二人の奉行の一人に任命されました。

この検地と呼ばれる調査は、全国の大名によって次第に実施されるようになり、土地の正確な所有者を特定し、その土地を課税対象としました。大名や**検地を担当する役人**には、

坂本城：1571年に織田信長の命により明智光秀が築いた城。琵琶湖の南湖西岸に面した平城。1571年の比叡山焼き討ち後に築城、82年には本能寺の変後、明智秀満により焼失。

Akechi Mitsuhide

(?–1582)

Administrator of land tax surveys and commander under Oda Nobunaga, betrayed Nobunaga at Honnoji, sought to take power for himself, was ultimately murdered by peasants who did not know who he was.

Mitsuhide first appeared in history as an **administrative and military deputy** in Kyoto. He served in the **difficult role of intermediary** between the increasingly powerful Oda Nobunaga and the shogun Ashikaga Yoshiaki.

After taking part in several campaigns with Nobunaga in Omi (now Shiga Prefecture), as a reward, Mitsuhide received Sakamoto Castle in that province. He was then assigned to **take over** Tamba Province (now part of Kyoto and Hyogo Prefectures) in 1580 and tasked with serving as one of two commissioners to conduct an **agricultural land survey** in Yamato and Tango provinces (now Nara and north Kyoto Prefectures, respectively).

These surveys, called *kenchi,* were increasingly carried out by daimyo throughout the country to determine exactly who owned land, so that it could be taxed. The daimyo and the **administrators of the**

家臣や強大な宗教勢力の土地所有者からこうした情報を収集できるだけの力が求められました。地元の土地所有者が独自の調査結果（検地帳）を提出した場合、その内容が正確かどうかを確認する必要があり、それを行うには、強大な権力を持つ大名が役人を派遣できるだけの力を持っていなければならなかったのです。

信長は天下統一を本格的に進める中、武田氏を討つまでに七年を要しましたが、ついに長篠の戦いでこれを破ることに成功しました。信長は、東の脅威が去ったことで、西国制覇の計画を進め始めますが、それには強大な勢力を誇る中国地方の大名、毛利輝元との**決戦が避けられないものとなったことを意味**しました。

信長は京都に戻ると、毛利氏との戦いにおいては時間が重要であると判断し、自ら軍を率いるのではなく、**有能な武将**二人を迅速に派遣して輝元を討つことを決めます。すでに羽柴秀吉は瀬戸内海沿いに西進しており、一方、明智光秀は日本海側から毛利に迫ることとなりました。

秀吉が毛利軍と対峙し戦さを進める中、信長は重大な判断ミスを犯します。彼は光秀に対し、1万3千の軍勢を率いて自分に先行し、秀吉の援軍に向かうよう命じました。そして、自身は京都の日蓮宗の本能寺に一泊し、翌朝出発する予定でした。そのため、信長の側にいたのは**わずかな側近のみ**で、**武装した直臣**たちは息子の信忠とともに京都の別の宿所に

長篠の合戦：武田勝頼率いる武田軍と信長・家康連合軍との間の決戦。1575年に三河国の長篠城（現在の愛知県新城市）をめぐって起こった。連合軍の鉄砲隊の攻撃により武田の騎馬隊が大打撃を受け、結果多くの家臣を失うことにある。武田氏の弱体化が進み、後の滅亡につながった。

本能寺：法華宗本門流の大本山。1415年、日隆により「本応寺」として創建、のちに（1433年）現在の名称「本能寺」に改名。1582年、本能寺の変で焼失後、1592年に豊臣秀吉の命により現在地に再建された。

surveys had to be powerful enough to collect this information from their vassals and from powerful religious landowners. If the local landholder submitted his own documented survey, it might need to be checked for accuracy, and only a powerful daimyo would be able to send out his own surveyors to do the checking.

As Nobunaga began his attempt to unify the country, after trying for seven years to defeat the Takeda clan, he finally succeeded at the Battle of Nagashino. Confident that he was secure in the east, he began planning to conquer the western part of the country, and that **meant a showdown with** the Mori Terumoto, the powerful daimyo of southwestern Honshu.

Nobunaga returned to Kyoto and realizing that time was of the essence in taking on the Mori, rather than leading his army himself, he decided to quickly dispatch two of his **skilled generals** to defeat Terumoto. Hideyoshi had already proceeded west along the Inland Sea, while Akechi Mitsuhide was to advance against the Mori along the Sea of Japan.

While Hideyoshi marched against and engaged the Mori, Nobunaga made a major miscalculation. He quickly ordered Mitsuhide to go ahead of him, taking his army of 13,000—to reinforce Hideyoshi. Planning to spend one night in the Nichiren sect's temple of Honnoji and then follow the next morning, Nobunaga kept with him **only a few attendants**, while his own **armed retinue** remained quartered with his

滞在していました。主要な家臣たちは誰一人として本能寺の近くにはいなかったのです。

光秀は出発したものの、進軍を続けることはありませんでした。兵たちが驚いたことに、光秀は彼らに京都へ引き返すように命じたのです。**四人の重臣**には出発のほんの数時間前に謀反の計画を明かしており、兵たちには「出陣前に信長の検閲を受ける」と伝えます。そして、本能寺の近くに達した時点で攻撃を開始するよう命じたのです。

光秀の軍勢が本能寺に到着すると、信長と**側近の護衛たち**は成す術もありませんでした。兵たちは寺に火を放ち、語り継がれるところでは、信長はそこで自害したとのことです。

光秀によるクーデターは見事に成功し、彼はただちに新政府を樹立する意図で政権を掌握しました。しかし、その間に秀吉は毛利との戦さを**切り上げ**、驚異的な速さで軍を率いて大坂方向へ引き返しました。そこで信長の子、信孝や複数の大名の支持を取り付けます。一方、光秀は味方を集めることに失敗し、孤立していきました。

秀吉とその味方の勢力は、勝龍寺城に退いた光秀を討つべく進軍しました。秀吉が城を包囲すると、光秀は逃亡せざるを得なくなりました。彼は落ち武者狩りに遭い、**無惨な最期**を遂げたと伝えられています。この戦いは後に「山崎の戦い」として知られるようになり、勝利を収めた秀吉は国内で最も有力な**軍事的指導者**となりました。

本能寺の変：戦国時代を大きく変えた歴史的事件。1582年6月2日早朝に起こった。本能寺に滞在中の信長（護衛わずか150人程度）を1万3千人の軍勢を率いた光秀が襲撃。信長は寺に火を放ち自害、嫡男の信忠も別の場所で自害。光秀は「三日天下」の後、山崎の戦いで羽柴秀吉に敗れて命を落とす。

son Nobutada elsewhere within the city. None of his principal captains were anywhere near Honnoji.

Mitsuhide departed but did not continue his march. Much to the surprise of his troops, he ordered his men to head back to Kyoto. He told his **four leading captains** about his plot only a few hours before departing. The troops were told that they were going to be inspected by Nobunaga before leaving for battle and were ordered to attack the temple only when they neared the compound.

When the army reached the temple, Nobunaga and his **attending guards** were completely overwhelmed. The troops set fire to the temple and legend says that Nobunaga committed suicide.

Mitsuhide's coup was a remarkable success and he immediately seized power with the intent of establishing a new government. Hideyoshi was able to **disengage** from the Mori and march his troops with considerable speed back to the Osaka area, where he obtained the support of Nobunaga's son Nobutaka and several other daimyo. Mitsuhide meanwhile failed to gather allies to support him.

Hideyoshi and his allies marched on Mitsuhide who had retreated to Shoryuji Castle. When Hideyoshi surrounded the fort, Mitsuhide fled. It is believed that he came to an **ignominious end** being killed by **marauding peasants**. In what came to be known as the Battle of Yamazaki, the victor Hideyoshi became the strongest **military commander** in the country.

コラム 切腹（自害の儀式）

切腹は英語で「ハラキリ hara-kiri」として知られており、刀で腹を切り裂く**儀式的な自害**を意味します。戦国時代や徳川時代には、武士階級の間では、**恥辱や処刑の代わりとなる名誉ある選択**として行われていました。

戦国時代、大名や一般の武士は戦さで討ち死にすることもありました。しかし、**生きたまま捕えられる不名誉を**避けるため、名誉を守る手段として切腹を選ぶこともありました。この死に方を選ぶことは、**武士道**への完全な忠誠を示す適切な方法と考えられていました。織田信長も、かつての家臣だった明智光秀に裏切られ攻められた際、生き延びる道がないと判断し、切腹したとされています。

戦さの場とは別に、武士が自らの行動で名誉を傷つけた場合、武士以外の一般の人のように他者によって処刑されるのではなく、切腹するという**特権**が与えられることがありました。これは**正式な儀式**として行われることもあり、**証人**と「**介錯人**」が立ち会いました。介錯人の役目は、武士が自ら腹を切った後、刀でその首を斬り落とすことでした。この生々しい自害の方法は武士にのみ許されたものであり、他の身分の人々にはこの「特権」は認められませんでした。

作家の三島由紀夫は、自らの右翼的主張を自衛隊員に訴えたものの受け入れられず、1970年に切腹を遂げ、センセーションを巻き起こしました。この**長らく廃れていた**儀式的な自害は、日本国民だけでなく世界中を驚かせました。

Seppuku (Ritual Suicide)

Seppuku is also known in English as "hara-kiri," and it means **ritual suicide** by disembowelment with a sword. During the Sengoku and Tokugawa periods, among the samurai class it was practiced as an **honorable alternative** to **disgrace or execution**.

During the Warring States period, a warlord or an ordinary samurai might be killed in battle. To avoid the **dishonor of being captured alive**, however, he might choose to protect his honor by committing *seppuku*. Choosing this way of dying was considered the appropriate way to show the person's complete devotion to the **code of the samurai.** Oda Nobunaga is thought to have done this when he was betrayed and attacked by the forces of his former follower Akechi Mitsuhide and apparently found no alternative for survival.

Separate from the battlefield, if a samurai brought dishonor on himself, he might be given the "**privilege**" of committing *seppuku,* rather than being executed by someone else, like the non-samurai. This could take place in a **formal ceremony**, with **witnesses** and a "**second**" whose duty it was to slice off his head with a sword after he had disemboweled himself. This gory form of suicide was only allowed to samurai. Members of the other classes of society were not granted this "privilege."

The writer Mishima Yukio created a sensation by committing *seppuku* in 1970, after failing an appeal to Self-Defense Force members to his rightwing cause. This **long-abandoned** ritual suicide astonished the Japanese public and the world at large.

真田幸村

(1567年〜1615年)

波乱の運命をたどった一族の一員であり、家康から秀吉へと主君を変えた。家康軍から秀頼を守るために大坂城の守りを固めたが、最終的には敗北を喫し、徳川幕府の支配が決定的となった。

真田昌幸：信濃国、真田幸隆の三男として生まれる。武田信玄・勝頼に仕えたが、武田氏滅亡後は、信長、上杉、北条、徳川など様々な勢力と巧みに渡り合う。

第一次上田合戦：真田昌幸と徳川家康の軍勢が上田城（現在の長野県上田市）周辺で戦った合戦。1585年。家康が昌幸に上州沼田領の北条氏への引き渡しを要求し、昌幸がこれを拒否したことから始まった。勢力には大きな差があったが、昌幸は徳川軍を上田城におびき寄せ、集中攻撃を行い大勝利を飾った。

　幸村は信繁(のぶしげ)としても知られ、信濃国上田（現在の長野県）の領主であった真田昌幸の子です。

　父の昌幸は1585年、徳川家康と争いを繰り広げます。このとき、幸村は越後の大名のもとで庇護を受けることになり、**所領を与えられました**。しかし、2年後には豊臣秀吉に**仕える道を選び**、小田原征伐で北条氏直・氏政討伐に従軍しました。さらに、1592年の文禄の役（第一次朝鮮出兵）にも秀吉の旗下で参戦しています。

　1600年以前は幸村は家康に従い、上杉景勝と対峙していました。しかし、関ヶ原の戦いでは石田三成率いる西軍に加わりました。一方、兄の信之は家康を支持する東軍に留まり忠誠を尽くしました。戦いの後、徳川方が勝利を収めますが、幸村と信之の兄弟は**命を奪われることはありませんでした**。

Sanada Yukimura

(1567–1615)

Member of a family of mixed fortunes, who switched loyalty from Ieyasu to Hideyoshi, built a famous defense at Osaka to protect Hideyori against the Ieyasu's forces, ending in defeat and the guaranteeing the foundation of the Tokugawa Shogunate.

Yukimura, also known as Nobushige, was the son of Sanada Masayuki, the **lord** of Ueda in Shinano province (now Nagao Prefecture).

His father was involved in a conflict with Tokugawa Ieyasu in 1585. Yukimura sought the support of the daimyo of Echigo and was **granted a fief** there. Within two years, however, Yukimura **changed his allegiance to** Toyotomi Hideyoshi, serving in the Odawara Campaign (*odawara seibatsu*) against Hojo Ujinao and Ujimasa. He also served under Hideyoshi in the first invasion of Korea in 1592.

Prior to 1600, Yukimura supported Ieyasu against Uesugi Kagekatsu. On the battlefield at Sekigahara, however, he switched sides, joining the forces of Ishida Mitsunari, called the "Western Army." Yukimura's brother Nobuyuki, remained loyal to the "Eastern Army" supporting Ieyasu. Both brothers **were spared** after the victory of the Tokugawa side.

大坂の陣において、幸村は豊臣秀頼に味方し、**大坂城の守将の一人**となり、**運命を切り開こう**としました。城の守りを固めるために、真田は八丁目口の前に「真田丸」と呼ばれる**出城**を築きました。そこには、壁と空堀が設けられ、さらに三重の**柵**——堀の両側と中央に1つ——を備え、それぞれの柵には**櫓**が築かれ、城壁の防衛を強化しました。この真田の防御施設は、「真田出城」「真田丸」などと呼ばれました。この**城外**の**防御拠点**から、幸村は1614年の冬の陣において徳川軍の**攻撃に耐え抜きました**。

しかし、徳川軍の攻撃が止むことはありませんでした。幸村は1615年6月3日、大坂城が徳川軍の手に落ちたその日に討ち死にしました。翌日、秀頼は自害し、徳川の支配に対する**最後の大きな脅威**は消え去ったのです。

真田丸：1614年の大坂冬の陣で、徳川軍を迎え撃つために真田信繁（幸村）が築いた出城。土塁、柵、堀で区画された曲輪(くるわ)に近い形状で、内部は2段構造で、鉄砲や石落としなどの仕掛けがあった。

真田の抜け穴跡と大坂城

真田幸村ゆかりの神社として知られている三光神社（大阪府大阪市天王寺区）の境内に、大坂城へ通じていたと伝わる抜け穴があります。この抜け穴は、幸村が大坂冬の陣の際に、豊臣方の兵士が迅速に移動できるように築いたと伝えられています。

大坂城の地には、もともと石山本願寺がありました。石山本願寺は、浄土真宗の拠点として大きな勢力を持っていました。その後、織田信長が石山本願寺と長年にわたって戦い、1580年に本願寺を降伏させました。本願寺は退去し、跡地は信長の支配下に入りました。

During the sieges of Osaka Castle in the *Osaka no jin* campaigns, Yukimura sought to improve his **fortunes** by siding with Toyotomi Hideyori, becoming **commander of Osaka Castle**. To improve its defenses, Sanada built out a **barbican**, in front of the *Hacchome Gate*, with a wall and an empty moat and three **palisades**—one on each side of the moat and one in the middle—with **towers** to command this part of the castle wall. It was called the Sanada Barbican, Sanada dejiro or *Sanada-maru*. From this **outlying fort**, he **withstood attacks** by the Tokugawa army through the winter of 1614.

However, the Tokugawa forces never let up. Yukimura died in battle on June 3, 1615, the very day that the castle fell to the Tokugawa forces. The following day Hideyori committed suicide, ending the **last major threat** to Tokugawa power over the country.

1583年、豊臣秀吉が天下統一の拠点として、石山本願寺の跡地に大坂城の築城を開始しました。秀吉は、巨大な天守閣や豪華な装飾を施し、大坂城を権力の象徴としました。

1598年に秀吉が亡くなると、大坂城は豊臣家の居城となりました。しかし、1615年の大坂夏の陣で大坂城は落城し、豊臣家は滅亡しました。徳川家康は、豊臣氏の大坂城を徹底的に破壊し、その上に新たな大阪城を築きました。徳川時代の大阪城は、豊臣時代のものとは異なり、より堅固で実戦的な城郭となりました。

1931年に再建された現在の大阪城。天守閣は博物館として公開され、多くの観光客が訪れている。

前田利家

(1538年〜1599年)

武勇によって名誉を挽回し、信長の有力な武将となり、秀吉の五大老の一人に数えられた。

五大老：豊臣秀吉が晩年に自身の後継者である豊臣秀頼を補佐し、政権を安定させるために設置した有力大名5人の合議体。徳川家康（五大老筆頭、最大の石高と権力を持つ）、前田利家（秀吉の盟友で信頼が厚い）、毛利輝元（中国地方を支配する有力大名）、上杉景勝（会津を領する大名で秀吉に早くから従う）、宇喜多秀家（豊臣家と近しい関係）。石田三成らの五奉行（石田三成ら）と連携して政務を執行。

利家は、尾張国（現在の愛知県西部）にある荒子城の**小領主**の子として生まれ、1551年、隣国の有力大名であった織田信長の**小姓**として仕えることになりました。小姓として仕えていた頃、彼は一人の家臣と口論になります。信長は**復讐**を禁じていましたが、利家はその命に背き、その家臣を殺害しました。これにより信長の怒りを買った利家は、信長から追放されることになりました。

しかし、利家は自らの将来が信長に**仕えることにある**と考えていました。利家は正式な許可を得ることなく独断で信長の軍に加わり、**見返り**を求めることなく勇敢に戦いました。戦場で功績を示すことで、信長の信頼を取り戻そうと考えていたのです。

1560年の誰もが知る桶狭間の戦いで、利家は信長の敵を討ち取り、武勇と忠誠心を示

Maeda Toshiie

(1538–1599)

Redeemed his reputation through military skills, became an elite Nobunaga warrior and one of Hideyoshi's Five Great Elders.

Son of a **minor lord** of the castle of Arako in Owari Province (now the western part of Aichi Prefecture), Toshiie became a **personal attendant** to the family's powerful neighbor Oda Nobunaga in 1551. While in this minor position, he quarreled with another retainer. Toshiie disobeyed Nobunaga's command not to seek **revenge** and killed the retainer. As punishment for disobeying a command, Nobunaga dismissed him from service.

However, Toshiie believed that his future **lay in service** under Nobunaga. On his own initiative and without official authorization, Toshiie joined Nobunaga's army and fought courageously without expectation of **material reward**. It was his hope that his record on the battlefield would redeem him in Nobunaga's eyes.

After Toshiie killed several of Nobunaga's enemies during the famous Battle of Okehazama in

しました。これにより信長は、利家を再び家臣として取り立てました。やがて利家は、信長の**精鋭騎馬部隊**の一つである「赤母衣衆」に選ばれ、信長の**親衛隊**の一員として仕えることとなりました。

　利家は次第に信長の重要な**軍事作戦**を担う精鋭武将の一人へと昇進します。1575年の長篠の戦いでは、**鉄砲を装備した3千人の足軽を率いる指揮官**として重要な役割を果たしました。利家はこうした**足軽**に対し、火縄銃の**斉射を繰り返す訓練**を施し、その結果、武田勝頼の**騎馬隊**の突撃を打ち破りました。

　優れた軍事的な才能を証明した利家は、その後、京都の北に位置する越前と加賀へ派遣され、一向一揆の拠点を攻撃する任務を与えられます。

　信頼に足る勇敢な武将であることを証明した利家は、信長から能登国（現在の石川県の一部）を与えられ、大名となりました。

　信長が暗殺されると、利家はかつての**仲間**である柴田勝家と羽柴秀吉の**間を取り持とう**とします。しかし、両者が賤ヶ岳の戦いで激突すると、利家は勝家を**見限り**、秀吉が勝利を収めました。

　秀吉は利家に加賀国（現在の石川県の一部）のうち2つの所領を与えました。利家は金沢に居を移し、彼の指揮のもと、支配領域の拡大を続けていきます。利家は秀吉の**五大老**の一人となり、秀吉の死後は**幼い跡継ぎ**であ

1560, proving his loyalty and his skill as a warrior, Nobunaga reinstated him as a follower. Eventually Toshiie was selected to serve as a member of one of Nobunaga's **elite mounted guard units**, the *aka horo shu*, one of Nobunaga's **elite bodyguard units**.

Toshiie rose to become one of Nobunaga's elite captains in important **military operations**. In 1575 at the Battle of Nagashino, Toshiie played a major role as commander of 3,000 *ashigaru* armed with **arquebuses**. He had trained these **foot soldiers** how to fire their weapons in **a series of volleys**, so that the charges of Takeda Katsuyori's **cavalry** were broken.

Having proven his military prowess, Toshiie was then dispatched to the provinces of Echizen and Kaga, north of Kyoto, to attack the strongholds of the *Ikko-ikki*.

Having proven himself to be trustworthy and fearless, Toshiie became a daimyo when Nobunaga granted him Noto Province (now part of Ishikawa Prefecture).

When Nobunaga was assassinated, Toshiie tried to **mediate** between his former **comrade** Shibata Katsuie and Hashiba Hideyoshi. When these two lords fought at the Battle of Shizugatake, Toshiie **deserted** Katsuie, and Hideyoshi became the victor.

Hideyoshi rewarded Toshiie with two districts in Kaga Province (now part of Ishikawa Prefecture). Toshiie moved his residence to Kanazawa, and continued to expand the territory under his control. He became one of Hideyoshi's **Five Great**

る豊臣秀頼の後見役を務めました。しかし、1599年に利家が死去すると豊臣家は**重要な支えを失い**、日本の覇権をめぐる争いが始まり、最終的に徳川家康がその座を手にします。

前田利家の妻、まつ

戦国時代から江戸時代初期にかけて活躍した前田利家の妻、まつ。1547年7月9日に尾張国で篠原一計の娘として生まれ、1617年に亡くなりました。

まつは11歳で21歳の前田利家と結婚し、2男9女の子どもをもうけました。正室がこれほど多くの子を産んだのは当時珍しいことでした。

まつは学問や武芸に通じた才女として知られ、利家の妻として内助の功を立てました。また、交渉周旋に長けた政治力を持っていたとされています。

たとえば、末森城の攻防戦では、1584年、まつは利家を奮起させるため、皮肉を込めて金銀を差し出し、出陣を促しました。これにより利家は勝利し、前田家の存続と「加賀百万石」の基盤を固めました。

まつは「戦国一の女房」と称されるほど、賢妻としての評価が高く、多くのエピソードを残しています。まつは単なる武将の妻としてだけでなく、前田家の発展に大きく貢献した賢明な女性として歴史に名を残しています。

Elders (*Gotairo*), and upon Hideyoshi's death took responsibility for protecting the **young heir,** Toyotomi Hideyori. The Toyotomi house **lost a major supporter** when Toshiie died in 1599, setting in motion the struggle for succession to the hegemony over Japan, which was eventually won by Tokugawa Ieyasu.

三好長慶

(1522年〜1564年)

軍事に長け、かつ経済的手腕、政局を操る実力者としての才覚を兼ね備えていたが、その死後、その功績はすべて水泡に帰した。

三好長慶は、三好 長慶としても知られ、戦国時代における日本の最初の天下人の一人と見なされることもあります。三好政権は、畿内および四国の9か国を支配し、伊予や土佐の一部もその勢力圏に含まれていました。

長慶は、優れた才覚を持つ三人の実弟と、三好三人衆と称される三名の重臣——岩成友通、三好長逸、三好政康——を通じて伊予や土佐の一部地域を支配しました。さらに、国際貿易港である堺の経済的な富を手中に収め、その利益を軍事力の強化に充てました。

三好三人衆：三好長慶の死後、三好氏の政権を支えた。織田信長と敵対し、一時は足利義栄を将軍に擁立しようとするも、信長が足利義昭を推して上洛したため敗れ、最終的に信長勢に屈した。

長慶は13代将軍の足利義輝と長く対立していましたが、最終的には和解します。長慶は幕府を倒そうとするのではなく、将軍のもとで実質的な権力を持つ調整役としての立場を担ったのです。

Miyoshi Nagayoshi

(1522–1564)

Combined military strength, economic wisdom, and skills as a power-broker, his achievements came to nothing following his death.

Also known as Miyoshi Chokei, Miyoshi Nagayoshi is considered by some to be among the **first "rulers" of Japan** during the Sengoku period. **The Miyoshi administration** controlled nine provinces in the Kinai region and Shikoku, including parts of Iyo and Tosa.

Nagayoshi controlled these areas through his **three highly competent brothers** and his three **principal captains** known as the **Miyoshi Triumvirs** (*Miyoshi Sanninshu*): Iwanari Tomomichi, Miyoshi Nagayuki, and Miyoshi Masayasu. Holding control of the economic power of Sakai as an international port, Nagayoshi used its **trading profits** to expand his military strength.

Nagayoshi opposed Ashikaga Yoshiteru, the thirteenth shogun, at length, but eventually they reconciled. Rather than attempting to overthrow the *bakufu*, Nagayoshi assumed the role of an **informal power-broker** under the actual shogun.

後継者となるはずだった才気ある実弟たちが、病や不慮の出来事によって次々と命を落としていきます。そして、1564年に長慶自身も死去すると、**かつて隆盛を誇った三好氏**の勢力は急速に衰退していきました。

　長慶が亡くなると三好三人衆は、**自らが推す人物**を次の足利将軍に据えようとしました。しかし、織田信長が止めに入り、足利義昭をその座に据えました。

　三好氏は、1573年に岩成友通が信長軍との戦いで敗れ、討ち取られたことで事実上**滅亡**しました。

One after another, his talented brothers, who would have succeeded him, died from illness or other tragic events. When Nagayoshi himself died in 1564, the fortunes of the **once-powerful** Miyoshi went into a rapid decline.

The three principal captains who survived him attempted to install **their own choice** as the next Ashikaga shogun, but they were stopped by Oda Nobunaga, who designated Ashikaga Yoshiaki for that position.

The Miyoshi clan effectively **came to an end** in 1573 when Iwanari Tomomichi was defeated in a conflict with Nobunaga's forces and killed.

長宗我部元親

(1539年〜1599年)

かつて四国で絶大な勢力を誇ったが、彼の一領具足(半農半兵)の兵たちは秀吉の軍勢には太刀打ちできなかった。領地を大幅に失う中で、法制度を整え、他の大名の模範となる法典を制定した。

一領具足：長宗我部氏が編成・運用した半農半兵の兵士および組織。平時は農民として生活し、有事の際には兵士として動員される。

　長宗我部氏は、16世紀初頭に長宗我部国親のもとで土佐国(現在の高知県)の有力な武将となりました。その子、元親が家督を継ぐと、1575年に土佐の敵対勢力を排除し、最終的には四国全土をその支配下に置きました。

　元親の軍は、いつでも戦う準備ができていることで知られていました。田畑を耕す際には、知らせがあればすぐに戦えるように、槍や鎧を田んぼの畔道に置いていたと伝えられています。つまり、彼らは武士でありながら農民でもあったのです。

　このような旧来の武士団は、当時の四国の同じような敵対勢力に対して権力を維持するには十分でしたが、いわばパートタイムの兵士たちなので、1585年に秀吉が四国に派遣した軍のような、戦国大名が整備した実質的

Chosokabe Motochika

(1539–1599)

Once all-powerful in Shikoku, his peasant-warriors could not stand against Hideyoshi. In a reduced domain, he initiated a legal code that became a model for other daimyo.

The Chosokabe became the **leading warlords** in Tosa Province (now Kochi Prefecture) under Chosokabe Kunichika at the beginning of the sixteenth century. When his son Motochika became head of the Chosokabe clan, he eliminated his rivals and took control of all of Tosa in 1575, and eventually he brought **all of Shikoku** under his power.

Motochika's army was renowned for being ready to serve at any moment. It is said that when they tilled their fields, they placed their spears and armor nearby in the **paths** between the **rice paddies,** to be ready to fight when an alarm was raised. In short, they were samurai who were also farmers.

Although this **older style samurai force** was sufficient for maintaining power over similar rivals in Shikoku at that time, these **part-time warriors** were no match for the virtually professional army that most Sengoku daimyo established, like the one that

な常備軍には太刀打ちできませんでした。

　秀吉の軍勢に圧倒された元親は、秀吉の家臣となり、領地は土佐一国に縮小されました。その時点で、元親は**基本的には**隠退しますが、九州征伐や1592年と1597年の二度にわたる朝鮮出兵で一時的に秀吉に仕えました。

　元親は、土佐国の検地と、1597年に制定した革新的な分国法「**長宗我部元親百箇条**」（長宗我部掟書）によって特に知られています。この法令は家臣だけでなく一般の領民にも適用され、**訴訟**、税の支払い、**相続**、および武士と他の階級との関係について規定していました。他の大名の領国にとっても模範となる法的な規則だったのです。

　元親の子である盛親は、不運にも関ヶ原の戦いで豊臣方に与（くみ）したため、長宗我部氏の領地は**没収されて**しまいます。その後、1615年の大坂城落城後に徳川方によって処刑され、長宗我部氏は完全に滅亡しました。

朝鮮出兵：豊臣秀吉が1592年と1597年に行った朝鮮半島への侵攻作戦。文禄の役（1592年）では日本軍は漢城（現ソウル）を占領するも、朝鮮水軍と明の援軍に苦戦。慶長の役（1597年）では再度の侵攻も膠着状態になり、結果、1598年の秀吉の死去により日本軍は撤退。

Hideyoshi dispatched to Shikoku in 1585.

Overcome by Hideyoshi's forces, Motochika became a vassal of Hideyoshi and his domain was reduced to Tosa alone. Motochika **basically retired** at that point, with the exception of serving briefly under Hideyoshi in Kyushu and in the two invasions of Korea in 1592 and 1597.

Motochika is primarily remembered for his survey of the Tosa domain and the innovative **100-Article Code** (*Chosokabe Okitegaki*), his domainal legal code of 1597. It applied to his retainers and to the general population and dealt with **litigation**, tax payments, **inheritance** and relations between samurai and the other classes. It became a model legal code for other domains.

Motochika's son Morichika unfortunately sided with the Toyotomi faction in the Battle of Sekigahara, and as a result, their domain was **confiscated**. Morichika was executed by the Tokugawa after the final assault on Osaka Castle in 1615, completely destroying the Chosokabe.

黒田官兵衛 (孝高)

(1546年〜1604年)

秀吉に仕えた後、家康に従う。キリスト教に改宗した後に仏門に入る。日本におけるキリスト教の初期の広まりに影響を与えた。

播磨国(現在の兵庫県の一部)を拠点とする黒田氏は、織田信長に仕えていました。黒田孝高は、黒田官兵衛として一般的には知られていますが、**信長の重臣**である羽柴秀吉のもとで数々の軍功を挙げ、その名を高めました。さらに、孝高は、忠誠の証として、息子の長政を秀吉の**人質**として差し出しました。

1585年、孝高はキリスト教に改宗し、ドン・シメオン・クロダ・ヨシタカの名を受けました。息子の長政も洗礼を受けダミアンの名を授かりました。その後、孝高は**黒田家の家督**を長政に譲ったものの、引き続き秀吉に仕え、二度にわたる朝鮮出兵に従軍します。帰国後は出家し、如水と号しました。

しかし、1600年の天下分け目の関ヶ原の

Kuroda Kanbei
(Yoshitaka)

(1546–1604)

Supporter of Hideyoshi, then Ieyasu, baptized as a Christian before becoming a Buddhist monk, may have encouraged the initial appeal of Christianity in Japan.

The Kuroda lords of Harima province (now part of Hyogo prefecture) supported Oda Nobunaga. Kuroda Yoshitaka, commonly known as Kuroda Kanbei, established his reputation in several military campaigns under **Nobunaga's general** Hashiba Hideyoshi. Yoshitaka even sent his son Nagamasa to serve as a **hostage** to Hideyoshi, as a symbol of his loyalty.

Yoshitaka became a Christian in 1585 taking the Christian name Dom Simeão Kuroda Yoshitaka. His son Nagamasa was also baptized, taking the name Damião. Although Yoshitaka later yielded his **position as head of the Kuroda clan** to Nagamasa, he remained active in Hideyoshi's service in two invasions of the Korean peninsula. Upon returning to Japan, he became a Buddhist monk, taking the name Josui.

At the **momentous** Battle of Sekigahara in 1600,

戦いにおいて、孝高は徳川家康率いる東軍に
寝返ったのです。息子の長政とともに孝高は、
小早川秀秋を西軍から東軍へ**寝返らせる**上で
重要な役割を果たしました。そもそも秀秋は
孝高のもとで育ち、朝鮮出兵の際には孝高は
秀秋の**補佐役**として動いていました。

　関ヶ原の戦いの後、長政は**福岡という大藩**
を与えられました。徳川幕府の初期において、
キリシタン大名であった父、孝高の存在が家
康のキリスト教に対する当初の**寛容な姿勢**に
影響を与えた可能性があります。

however, Yoshitaka switched loyalties, siding with Tokugawa Ieyasu and the Eastern Army. He and his son played a significant role **in the defection of** Kobayakawa Hideaki from the Western Army to Ieyasu's Eastern Army. Hideaki had grown up under Yoshitaka's care and Yoshitaka had acted as an **advisor** to Hideaki in the Korean campaigns.

After Sekigahara, Nagamasa was rewarded with **a major domain at Fukuoka**. In the early days of the Tokugawa shogunate, his Christian daimyo father Yoshitaka may have influenced Ieyasu's **initial receptivity** to Christianity.

細川忠興

(1563年～1645年)

信長から秀吉、さらに家康へと主君を替えた後、文化人としての道を歩み、千利休の高弟となった。

戦国の覇権争いが渦巻く中、細川忠興（細川三斎としても知られる）は、織田信長に仕え、いくつかの戦いにも参戦しました。その中には、強大な勢力を持っていた武田氏の討伐も含まれています。

忠興は、戦国武将の明智光秀の娘であり、後に広く知られる**細川ガラシャ**を妻としました。光秀が信長に**反旗を翻し**、信長が討たれた際、光秀は娘婿である忠興に援軍を求めました。しかし、忠興は義理の父の求めを拒み、代わりに羽柴秀吉に**与し**ました。結局、光秀自身も滅ぼされることとなるのです。

1582年、忠興は丹後国（現在の京都府の一部）の領主となり、数々の戦さで秀吉を支えたことで勢力を拡大しました。しかし、関ヶ原の戦いでは再び立場を変え、**台頭する**徳川家康側に立って戦いました。その功績により、

Hosokawa Tadaoki

(1563–1645)

Switching sides from Nobunaga to Hideyoshi then to Ieyasu, he retired to a life of culture and became a major disciple of Sen no Rikyu.

In the turbulent struggle for dominance in the Sengoku period, Hosokawa Tadaoki, also known as Hosokawa Sansai, sided with Oda Nobunaga in several campaigns, including the defeat of the powerful Takeda clan.

He became the husband of the famous **Hosokawa Gracia**, a daughter of the warlord Akechi Mitsuhide. When Mitsuhide **turned against** Nobunaga and Nobunaga was destroyed, Mitsuhide requested assistance from his son-in-law. However, Tadaoki refused his father-in-law's request and instead **allied** himself with Hashiba Hideyoshi. Ultimately, Mitsuhide himself was destroyed.

In 1582, Tadaoki became the warlord of Tango Province (now part of Kyoto Prefecture) and rose in power through his support of Hideyoshi in many campaigns. At the Battle of Sekigahara, however, Tadaoki again changed his alliances and fought on

豊前国と豊後国の一部（現在の福岡県および大分県の一部）を含む広大な領地を手にすることとなりました。

1619年に実質的な主君の座を退くと、忠興は和歌、絵画、礼法、茶の湯などに没頭しました。忠興は**利休七哲**の一人に数えられ、茶道に関する著作も残しています。

利休七哲

利休七哲は、千利休の高弟とされる7人の武将のことです。

- 蒲生氏郷
- 細川忠興（三斎）
- 古田重然（織部）
- 牧村利貞（兵部）
- 高山右近（重友）
- 芝山宗綱（監物）
- 瀬田正忠（掃部）

千利休の茶道の影響力の大きさを示すとともに、武将たちが文化的な側面でも重要な役割を果たしていたことを表しています。

the side of **rising** warlord Tokugawa Ieyasu. As a reward, he was given a large domain that included Buzen province and parts of Bungo province (now parts of Fukuoka and Oita Prefectures).

When he **retired from active leadership** in 1619, he devoted his energies to poetry, painting, ceremonial etiquette, and the tea ceremony. He became one of tea master **Sen no Rikyu's Seven Great Disciples** —*Rikyu Shichitetsu*—and wrote several works on the art of tea.

コラム 細川ガラシャ

　細川玉は、**波乱に満ちた生涯**を送りました。明智光秀の娘として生まれ、1578年に細川忠興と結婚します。1582年、**本能寺の変**で父の光秀が織田信長に**反旗を翻し**、信長が討たれると、夫である忠興は義父を助けることを拒み、代わりに羽柴秀吉に従いました。これにより、玉は**極めて難しい立場**に置かれることになります。一時的に奥丹後半島の味土野に幽閉されました。その後、秀吉が天下を掌握すると、秀吉から許され、玉は大坂に住むことになりました。

　忠興は、いわゆるキリシタン大名の一人である高山右近から**キリスト教の教え**を学んだとされます。忠興がその教えを玉に伝えると、彼女はキリスト教に強く惹かれ、洗礼を受けてガラシャという**洗礼名**を授かりました。

　1598年、忠興は新たに別の陣営に加わりました。徳川家康です。そして、忠興は妻が敵の**手に落ちる**くらいなら妻を殺すようにと、家臣の小笠原少斎に命じていました。家康の宿敵、石田三成はガラシャを捕え、**人質にしよう**としました。しかし、小笠原少斎は忠興の命に従い、まずガラシャに自害を促し、自らも命を絶ちました。
　それ以来、細川ガラシャは、**武家の妻の鏡**とされてきました。

Hosokawa Gracia

Hosokawa Tama led a **very unusual life**. A daughter of Akechi Mitsuhide, she married Hosokawa Tadaoki in 1578. When her father Mitsuhide **rose up against** Oda Nobunaga and Nobunaga was destroyed in the **Honnoji Incident** in 1582, her husband Tadaoki refused to assist his father-in-law. Instead, he joined forces with Hashiba Hideyoshi. This put Tama in a **very awkward situation**. She was temporarily forced to retire to Midono in the Okutango Peninsula. When Hideyoshi rose to power, he gave her permission to reside in Osaka.

It is said that Tadaoki learned about **Christian teachings** from Takayama Ukon, one of the so-called Christian Daimyo. When he conveyed these teachings to Tama, she found Christianity appealing and was baptized as a Christian taking the **baptismal name** "Gracia."

In 1598 Tadaoki allied himself with another warlord: Tokugawa Ieyasu. He left instructions to a senior retainer named Ogasawara Shosai to put his wife to death rather than let her **fall into the hands** of any of his enemies. Ieyasu's chief rival Ishida Mitsunari tried to capture Gracia and **hold her as a hostage**. However, Ogasawara Shosai obeyed Tadaoki's command, first executing Gracia and then committing suicide himself.

Since then, Hosokawa Gracia has been considered a model of the **virtuous samurai wife**.

織田信長

（1534年～1582年）

天下統一を目指した三英傑の最初の一人。冷徹な戦略家であり、桶狭間の戦いでは少数の軍勢で今川義元を討ち取る。鉄砲を戦術に取り入れ、状況に応じて同盟を結びながら領土を拡大し続けたが、最後は重臣の裏切りにより最期を遂げた。

　織田信長、豊臣秀吉、徳川家康の三者には、戦国時代に台頭した他の武将たちとは**一線を画す１つの特徴**があります。彼らは単に自らの領土を拡大するだけではなく、他の大名たちと**同盟を結びながら**、大規模な戦さを繰り広げることで、国の大半を統一し、自らの支配下に置こうとしました。

　いわゆる天下統一を果たした者のうち最初の人物は織田信長でした。尾張国（現在の愛知県）の**守護代**の家に生まれた信長は、**冷徹な一面**も持っていました。1551年、17歳という若さであっという間に尾張を掌握しました。その後、信長は那古野城の武将としての**地位を固め**、そこから生涯にわたる軍事的な戦いの道を歩み始めました。

　1560年、隣国である三河国（現在の愛知県の一部）の今川義元が、信長の領地に侵攻しました。義元は２万５千の大軍を率いていま

那古野城：現在の名古屋市中区にあった戦国時代の城。築城は大永年間（1521年～1528年）頃、今川氏親（今川義元の父）が築城した。1538年頃になると織田信秀が今川氏から奪取。1555年に清洲城に移るまで信長が城主。

156

Oda Nobunaga

(1534–1582)

First of the country's three "unifiers," a brutal military commander whose small army defeated Imagawa Yoshimoto at the Battle of Okehazama, introduced muskets in major battles, formed convenient alliances, constantly expanded territory, ended up betrayed by one of his major commanders.

One characteristic distinguishes Oda Nobunaga, Toyotomi Hideyoshi, and Tokugawa Ieyasu from the other warlords that emerged from the period of Warring States. These three not simply expanded their own territories. They **also sought alliances** and fought major wars in order to unify a majority of the country and bring it under their direct rule.

The first of the so-called "**unifiers**" was Oda Nobunaga, the **ruthless** son of a **deputy military governor** (*shugodai*) of Owari domain (now Aichi Prefecture), who quickly took control of the domain at the age of seventeen in 1551. Nobunaga then **consolidated his position** as the warlord of Nagoya Castle, then began a lifelong campaign of military conflicts.

In 1560 Imagawa Yoshimoto of neighboring Mikawa Province (another part of what is now Aichi Prefecture) challenged Nobunaga. Despite Imagawa's

したが、信長はわずか3千の兵で桶狭間の窪地で奇襲を仕掛け、義元を討ち取りました。その後、信長は若くて有望な武将、松平元康と同盟を結び、**東の備え**としたのです。この松平元康こそ、後に徳川家康と名を改めることになる人物なのです。

信長は**勢力を南へ**と広げ、伊勢国（現在の三重県）を掌握した後、京都への進軍を開始します。そこは言うまでもなく、**朝廷の所在地**であり、**衰退した**室町幕府の拠点でもありました。信長は足利義昭を将軍に擁立しましたが、それは義昭が信長の**国政における優位性**を認めることを条件との引き換えでした。

1570年ごろには、信長の勢力が拡大していくことで他の大名を刺激し、**その動きを阻止しようとする連合**が結成されるようになりました。家臣たちの支えもあり、信長は西日本への支配を拡大していきます。しかし、支配下に置く国がじょじょに増えていく一方で、東国を中心とする**反対勢力**は、信長の天下統一の試みにとって、深刻な脅威であり続けました。

信長が戦場に新たに導入したもののひとつが、新兵器である**火縄銃**でした。信長はヨーロッパの商人から500挺の火縄銃を購入し、**弓や刀を操る騎馬武者**に対抗するため、歩兵に射撃訓練を施しました。歩兵は三列に整列し、第一列が射撃する間に、次の二列が素早く再装填します。この戦術により、敵に前進

superior forces of 25,000 men, Nobunaga attacked him with just 3,000 soldiers in a *gorge* at Okehazama, took him by surprise, and killed him. Nobunaga then formed an alliance with another promising young samurai named Matsudaira Motoyasu, who **protected his eastern flank**. History knows him by a later name: Tokugawa Ieyasu.

Nobunaga expanded his control southward into Ise Province (now Mie Prefecture) before launching a campaign on Kyoto, base of the **imperial family** and the **weakened** Muromachi shogunate. He installed Ashikaga Yoshiaki as shogun—under the condition that Ashikaga recognize Nobunaga's **primacy in the country's affairs.**

By 1570 Nobunaga's continuous accumulation of power stimulated several daimyo into **coalitions aimed at stopping him**. Supported by his vassals, Nobunaga expanded his control of western Japan. While his direct control over provinces gradually expanded, his **opponents**, especially in the east remained a serious threat to his attempt to unify the country.

Among the changes that Nobunaga introduced to warfare was the use of new weapons: **muskets known as arquebuses**. He bought 500 muskets from European merchants and trained his infantry to use them efficiently against **sword-bearing archer-samurai on horseback**. His infantry lined up in three ranks, where one rank fired while the next two ranks

の隙を与えませんでした。

　この戦術を用いて、信長は1575年の戦略的に重要な長篠の戦いにおいて、（武田家の）**騎馬隊**を撃破しました。やがて、他の大名たちも、武士以外の足軽などの一般兵士を採用する信長の戦法を取り入れるようになります。

　信長は次から次へと敵対する勢力を打ち破り、とりわけ大坂の石山本願寺を拠点とする武装勢力である過激な一向宗を徹底的に攻撃しました。この石山本願寺は、要塞化された堅固な寺院城塞でした。この寺院は多くの**信徒**の中でも**戦闘能力のある者**たち（門徒武士）に支えられていました。**宗派のリーダー**が召集をかけると、各地の信徒である武士たちが寺を守るために結集しました。信長と一向宗勢力の対立の核心は、彼らが**寺社領**には、いかなる政治的、経済的介入も許されないと主張した点にありました。しかし、信長には軍の駐屯地や農民の耕作地、商人や**海商**の拠点となる土地が不可欠でした。戦さを支える物資を調達するためです。結局、一向宗を完全に制圧するまでに、信長は10年を要しました。

　京都の北東にある天台宗の**総本山**、延暦寺の僧侶たちもまた、信長の支配を脅かす存在でした。延暦寺には、数千人の**僧兵**が住み、しばしば京都に押し寄せて**朝廷や武家政権**を脅かしていました。1571年、信長は比叡山

比叡山焼き討ち：1571年8月に織田信長によって行われた軍事行動。延暦寺が浅井・朝倉軍に味方したこと、信長に敵対する仏教勢力への見せしめが原因とされる。これにより多くの建物が消失し、僧侶や一般人を含む多数の死者が出た。これにより信長の権力拡大と仏教勢力の弱体化につながった。

160

rapidly reloaded. This technique gave the enemy no chance to advance.

Using this strategy, Nobunaga defeated an **army on horseback** at the strategic Battle of Nagashino in 1575. Before long, other daimyo adopted his use of ordinary soldiers who were not samurai.

Nobunaga energetically destroyed his opponents, including the armed radical Buddhist Ikko sect based at the Ishiyama Honganji, a strongly fortified monastery-castle at Osaka. The temple depended on **fighting men** among its many **adherents**. When the **sectarian leaders** called for them, samurai who were members of the sect gathered from all over the provinces to protect the temple. Nobunaga's disagreement with the Ikko enemy was their claim that no one could intervene on their **religious territory**, economically or politically. But Nobunaga needed land for his armies and farmers, merchants, and **sea traders** to supply his campaigns. It took him ten years to completely defeat the Ikko.

Buddhists at Enryakuji, the **head temple** of the Tendai sect on Mt. Hiei, northeast of Kyoto also threatened Nobunaga's control over the country. Enryakuji was the residence of thousands of **warrior-monks,** *sohei*, who often descended on Kyoto and

全山を包囲し、寺院群を焼き払い、そこに住む人々を皆殺しにするよう軍に命じました。

　信長は、天下統一を目指し、容赦のない戦さを続けました。彼は敵対勢力を打ち破り、その奪った領地を忠誠心の高い家臣たちに分配しました。1582年、家臣の明智光秀に裏切られるまでに、日本のほぼ3分の1を掌握していました。

　信長が敵に対して冷徹、かつ容赦のない態度を取ったこと、そして時に家臣すら信用しなかったことは疑いようがありません。しかし、彼が築いた**厳格な管理体制**は、後の二人の天下統一者である豊臣秀吉と徳川家康の統治の礎となったことは間違いありません。

threatening the **imperial court and the military leaders.** In 1571 Nobunaga ordered his troops to surround the entire mountain, burn the complex, and slaughter all of the inhabitants.

He ruthlessly pursued his campaign to gain control over the entire country. Nobunaga defeated rivals and gave their territories to loyal followers. He **gained control over** almost one third of the country before he was betrayed in 1582 by one of his own generals, Akechi Mitsuhide.

There is no doubt that Nobunaga was brutal and ruthless with his enemies and often distrusted his own vassals. However, the **rigorous system of government** that he left behind was the foundation for the work of the other two unifiers: Toyotomi Hideyoshi and Tokugawa Ieyasu.

コラム お市の方と淀君

戦国時代きっての美人と称される悲劇の女性、お市の方(1547年頃〜1583年)は貴族の一員であり、織田信長の妹でした。**政略結婚**により、近江国(現在の滋賀県)の戦国大名である浅井長政に嫁ぐこととなり、夫の居城である小谷城にちなみ、「小谷の方」とも呼ばれるようになりました。

お市の方

長政は1570年に信長に**敵対し**、3年後に滅ぼされました。その後、お市の方は尾張へ戻りましたが、意外にも、通常は**猜疑心の強い**信長が、妹と幼い三人の娘の命を助けたのです。しかし、一方でいつか自身の野望の**障害となる**かもしれないと、彼女の幼い二人の息子を処刑するよう命じました。

1582年の本能寺の変で信長が討たれた後、甥の織田信孝は、自身の盟友である柴田勝家に嫁ぐようお市の方に命じました。

その翌年、羽柴秀吉が越後の城に籠る勝家を攻めました。**幾重にも不運**に見舞われたお市の方は、二度目の夫である勝家とともに自害する道を選びます。しかし、彼女の三人の娘は再び命を長らえることになりました。

Oichi no Kata and Yodogimi

An unfortunate woman of great beauty during the Warring States period, Oichi no Kata (1547?–1583) was both a member of the nobility and the younger sister of Oda Nobunaga. In a **marriage of political convenience**, she was sent to marry the feudal lord Azai Nagamasa in Omi province (now Shiga Prefecture). As a result, she became known as Odani no Kata (the Lady of Odani) after the name of her husband's castle.

Nagamasa **turned against** Nobunaga in 1570 and was destroyed three years later. She then returned to Owari. Surprisingly, the normally **distrustful** Nobunaga actually spared his sister and her three small daughters. However, he ordered the death of her two young sons, who might one day **pose a threat** to his ambitions.

Following Nobunaga's death at Honnoji in 1582, her nephew Oda Nobutaka ordered her to marry Shibata Katsuie, his own ally.

A year later Hashiba Hideyoshi attacked her new husband barricaded himself in the castle in Echigo. The **multiply unfortunate** Oichi no Kata chose to commit suicide with her second husband, but her three daughters were again spared.

長女の茶々は、後に豊臣秀吉の**側室**となります。彼女がいつ秀吉のもとへ入ったのかは定かではありませんが、**寵愛を受け**、淀君(1567年〜1615年)として知られるようになります。茶々は秀吉との間に秀頼をもうけ、秀吉の死後は秀頼とともに大坂城に**居住しました**。しかし、後に徳川軍が城を攻め落とした際、母子ともに自害しました。

淀君

自身の人生が十分に波乱に満ちていなかったかのように、お市の方の三女、お江与(お江としても知られる)は、徳川家康の後継者であり、第2代将軍となる徳川秀忠の正室となりました。二人の子には、第3代将軍の家光、後水尾天皇の**中宮となった**和子がいます。さらに、和子の娘である興子は、明正天皇として即位しました。

Her oldest daughter, Chacha, however, became the **concubine** of Toyotomi Hideyoshi. It is not certain when she was taken into Hideyoshi's household, but she **became his favorite** and was known as *Yodogimi* (1567–1615), the Lady of Yodo. She gave birth to Hideyoshi's son Hideyori, and after Hideyoshi's death, Yodogimi and Hideyori **took up residence** in Osaka Castle. They both later committed suicide when Tokugawa forces captured the castle.

As if her own life was not complicated enough, Oichi no Kata's third daughter Oeyo (also known as Ogo) became the wife of Tokugawa Hidetada, Ieyasu's heir and the second Tokugawa Shogun. Among their children were the third Shogun Iemitsu and Masako, who **became the consort** of Emperor Go-Mizunoo. Further, Masako's daughter Okiko became Empress Meisho.

豊臣秀吉

(1537年～1598年)

かつて信長に仕え、後に太閤として知られる天下統一二人目の天下人。重要な同盟を結び、大規模な改革を実施。幼い我が子、秀頼が成長して政権を継ぐまで支えるよう主要な大名家臣たちに誓約させ、命じた。

豊臣秀吉は**低い身分**から身を起こし、政治家、軍略家としての才覚を発揮し、**制度改革を行い**、日本統一を成し遂げた二人目の天下人となりました。日吉丸として生まれ、信長に仕えるようになり、やがて羽柴秀吉と名を改めます。後に「豊臣」の姓を賜りますが、一般には「太閤」の名で広く知られています。「太閤」とは、関白を退いた者に与えられる尊称です。

尾張国（現在の愛知県の一部）で生まれた秀吉は、信長の父に仕える**足軽**の子でした。秀吉が信長に仕えるようになった当時、今川義元は京へ向かおうと企てていましたが、その前には、信長の領地が立ちはだかっていました。

兵力で劣る信長軍でしたが、1560年の桶狭間の戦いで今川義元を打ち破ることに成功します。この勝利により、信長は本州中央部

Toyotomi Hideyoshi

(1537–1598)

Former follower of Nobunaga, became second unifier known as Taiko, formed important alliances, enacted major reforms, had major supporting daimyo vassals promise to protect Hideyori—his young son—until Hideyori was able to take his place.

Toyotomi Hideyoshi rose from **humble origins** to demonstrate his talents as a politician, military strategist, **implement institutional reforms**, and become the second unifier of Japan. Born Hiyoshimaru, he entered the service of Nobunaga, eventually changing his name to Hashiba Hideyoshi. He would later be given the family name Toyotomi, but is popularly known as *Taiko*, the honorary title for a retired **imperial regent**.

Born in Owari Province (now part of Aichi Prefecture), he was the son of a **foot soldier** (*ashigaru*) in the service of Oda Nobunaga's father. When he entered the service of Oda Nobunaga, Imagawa Yoshimoto was attempting to march on Kyoto, but Nobunaga's territories were in the way.

The **undermanned army** of Nobunaga neverthe-less managed to defeat Yoshimoto in the Battle of Okehazama in 1560. This made Nobunaga dominant

で優位に立ち、秀吉に近江国（現在の滋賀県）の領地支配を任せました。

　信長の軍勢を指揮する立場となった秀吉は、本州西部の毛利輝元の勢力を**平定する**よう命じられます。秀吉は西に向かいながら、いくつかの**戦略的拠点**を攻略し、その後、明智光秀と合流し毛利を**挟み撃ち**にする計画でした。しかし、その最中に光秀が信長を裏切り、暗殺してしまいます。秀吉はただちに京へ引き返し、山崎の戦いで光秀を討伐しました。

　かつては信長の家臣だった秀吉は、45歳で京都周辺の主要な国々を掌握するようになっていました。その後、さらに西、南、北へと勢力を拡大し、天下統一を目指します。1585年には関白に任じられ、天皇からの**委任**によりすべての**政治と軍事の権限**を掌握するようになります。さらに、大坂の旧石山本願寺の跡地に自身の城の築城を開始し、京都や堺の商人を呼び寄せ、そこに住まわせました。

　敵対勢力を徹底的に打ち破り、同盟を結ぶことを承諾した有力大名を**厚遇する**ことで、秀吉は日本のほぼ全土を掌握していきます。

　そうして秀吉は、**改革に着手**します。1588年にいわゆる**刀狩**を実施し、農民からは武器を取り上げ、武士を農業から切り離しました。これにより、武士は土地（経営）から離れ、

大坂城：秀吉が1583年から、旧石山本願寺跡地に築城を開始。大坂城と城下町の建設により、現代の大阪の都市基盤が形成されたとされる。秀吉の死後、大坂冬の陣・夏の陣（1614年〜1615年）で豊臣氏と共に滅亡した。この城は、秀吉の権力の象徴として、また日本の歴史上重要な舞台として大きな意味を持った。

in central Honshu, and he assigned Hideyoshi to govern the lands in Omi Province (now Shiga Prefecture).

Taking command of one of Nobunaga's armies, Hideyoshi was ordered to **subdue** the forces of Mori Terumoto in western Honshu. Hideyoshi took several **strategic castles** on his route westward in what was intended to be a **pincer movement** in coordination with Akechi Mitsuhide. However, Mitsuhide betrayed Nobunaga and assassinated him. Hideyoshi rapidly returned to Kyoto and defeated Mitsuhide at the Battle of Yamazaki.

At the age of 45, the former retainer of Nobunaga controlled the main provinces surrounding Kyoto. He then expanded his control over provinces to the west, south, and north, trying to unify Japan. By 1585 he was appointed *kampaku*, or imperial regent, and claimed all **civil and military powers** through **delegation** by the emperor. He began construction of his own castle at the site of the former Ishiyama Honganji temple in Osaka and invited merchants from Kyoto and Sakai to settle there.

By thoroughly defeating his opponents and **treating** powerful daimyo who agreed to become his allies **generously**, he gained control of almost all of Japan.

Then began to **enact reforms**. Carrying out the so-called "**sword hunt**" in 1588, he ordered weapons taken from the peasants and separated warriors from agriculture. This removed the samurai from

独立した**軍事専門職**という身分になったのです。一方、農民は土地に縛られ労働力として働くことになり、同時に武士は仕える領主に従属する立場になったのです。

キリスト教徒になった者は自分に対して忠誠を誓わないのではないかと心配した秀吉は、キリスト教を弾圧し、**強制的な改宗を禁じ**、1587年にイエズス会の宣教師すべてに日本からの退去を命じました。さらに10年後、**秀吉は26人の宣教師**と日本人信者を長崎で**磔刑に処しました**。それから数十年のうちに、キリスト教は完全に弾圧されました。

秀吉は味方の大名たちに東へ進軍するよう命じ、小田原で北条氏を破り、関東地域を掌握しました。さらに、勢力を北上させます。また、家臣である家康を中部地方から移すため、**関東平野の六か国**（後の東京周辺）を与えます。こうして、秀吉の軍事的な日本統一は完了しました。全国の領地は秀吉、またはその家臣のものとなり、まったく新しい**封建的な統治体制**が確立されたのです。

秀吉は、1592年と1597年の2度にわたり朝鮮出兵を試みます。いずれも失敗に終わりましたが、日本へ撤退した兵士たちは、多くの**陶工**を伴って帰国しました。彼らは萩、有田、薩摩などに定住し、優れた陶磁器を生み出すこととなったのです。

秀吉は1598年に死去する直前、家臣たちに対し、幼い我が子、秀頼が成長し、豊臣家

the land and made them an **independent military class**. It kept the peasants on the land as laborers and simultaneously made the samurai dependent on the feudal lords that they served.

Worried that anyone who became a Christian might not be loyal to him, Hideyoshi **denounced** Christianity, **prohibited forced conversions**, and ordered all Jesuit missionaries out of Japan in 1587. Ten years later, he ordered **26 missionaries** and Japanese followers **crucified** in Nagasaki. Within several decades, Christianity was completely suppressed.

Ordering his allies to press eastward, he managed to defeat the Hojo at Odawara and take control of the Kanto region. He then pushed into northern Honshu. In order to remove his vassal Ieyasu from central Japan, Hideyoshi gave him **six provinces in the Kanto Plain**, the future location of Tokyo. With this, Hideyoshi's military unification of Japan was complete. All of the territory belonged to Hideyoshi or to his vassals. A completely new **feudal hierarchy** was established.

Hideyoshi attempted two major campaigns to take over Korea in 1592 and 1597. Both efforts failed, but when his forces returned to Japan, they brought back groups of **potters**, who settled in Hagi, Arita, and Satsuma and produced superior pottery there.

Hideyoshi died in 1598, after making his followers pledge to support his young son Hideyori

の後継として国を治めるまで支えるよう誓わ
せます。しかし、関ヶ原の戦いでは、秀頼に
忠誠を誓った大名たちの軍勢は、徳川家康率
いる大名たちの軍に敗北したのです。

26人の殉教者

　26人の処刑を描いた1862年の版画。豊臣秀吉に
よる日本二十六聖人の殉教は、日本のキリスト教史
上重要な出来事です。

　1587年に秀吉が禁教令を出しましたが、当初
は大規模な迫害は行われませんでした。しかし、
1596年の「サン・フェリペ号事件」を契機に、秀吉
のキリスト教に対する態度が厳しくなり、秀吉は京
都奉行の石田三成に命じ、京都のフランシスコ会員
とキリスト教徒を逮捕・処刑するよう命じました。

　26人の殉教者は、20名の日本人、4名のスペイ
ン人、1名のメキシコ人、1名のポルトガル人でした。
1597年2月5日（慶長元年12月19日）、長崎の西坂
の丘で26人が十字架にはりつけにされ、槍で刺さ
れて処刑されました。処刑の様子を見るために4千
人以上の人々が集まったとされています。

until he became an adult and could become the next Toyotomi in control of the country. At the Battle of Sekigahara, however, the army composed of daimyo loyal to Hideyori lost to the daimyo led by Tokugawa Ieyasu.

この事件は、秀吉のキリスト教政策が追放から迫害へと転換したことを示しています。日本のキリスト教史において重要な転換点となり、その後の迫害の始まりを象徴するものとなりました。

千利休 (1522年～1591年)
茶の湯の大成者

利休は堺に生まれ、二人の茶人に師事して茶の湯を学び、京都の大徳寺の僧のもとで禅の修行を積みました。

その後、織田信長と豊臣秀吉の**茶頭**を務め、その功績により広大な領地を与えられました。また、正親町天皇のために宮中での雅な茶会を主催するなど、格式高い茶の湯の儀式を執り行いました。

利休は生涯を通じて、茶の湯の道具、茶室の大きさ、花の生け方、掛け軸、茶器、そして茶を点てる**作法**に至るまで、**絶対的な美意識**を貫きました。その根底には、謙虚さの中に見出される精神的な豊かさ（侘び）と、年月を経て使い込まれた名品に宿る**枯れた美しさ**（寂び）という二つの感性がありました。

利休の目指したのは、茶会ごとに客人の間に特別な交わりを生み出すことでした。それは一種の**精神性**であり、**美意識**であり、日常の雑事から離れた静寂の世界でもありました。

利休は、信長の茶頭として仕えただけでなく、文化顧問、社交の仲介者、さらには外交官とし

Sen no Rikyu (1522–1591)
Tea Master

Born in Sakai, Rikyu studied tea ceremony under two tea masters and practiced Zen Buddhism under the master at Daitokuji temple in Kyoto.

Rikyu served as **tea-ceremony officiant** (*sado*) for both Oda Nobunaga and Toyotomi Hideyoshi, gaining extensive landholdings for his services. He also officiated at the elegant tea ceremony in the Imperial Palace for Emperor Ogimachi.

During his lifetime, Rikyu imposed his **infallible taste** on the implements used in the tea ceremony, the size of the tea room, flower arrangements, hanging scrolls, utensils, and the **procedure** for preparing tea. This involved two sensibilities: the spiritual wealth obtained in humility (*wabi*) and the **faded beauty** of prized objects tarnished by age and repeated use (*sabi*).

He took as his goal the creation of a special communion among the participants in each individual gathering. This was a kind of **spirituality**, an **aesthetic awareness**, a refuge from the mundane affairs of everyday life.

Rikyu served as Nobunaga's tea officiant, culture adviser, social agent, and even diplomat. He did the

ての役割も果たしました。秀吉にも同様に仕えました。この二人の天下人をはじめ、大名たちは茶の湯を通じて、新たな政権を築きつつも、過去の文化的伝統を尊重していることを示そうとしたのです。

特定の茶会への招待は、功績に対する褒賞であったり、潜在的な同盟者への誘いであることもありました。また、名物とされる茶道具の収集は、**権威と権力の象徴**となりました。こうした茶道具の授受は、軍事的・政治的な**正統性を確立する**手段ともなり得たのです。

茶の湯は、大名たちにとって、武力だけに頼らず、自らの**指導者としての価値**を示す貴重な機会となりました。

千利休と彼が茶の湯に残した**功績**は、日本文化の一部として今も知られています。しかし、1591年に秀吉の利休に対する態度がなぜ突然変わり、切腹を命じるに至ったのか、その理由は今も謎のままなのです。

same for Hideyoshi. These two unifiers and other daimyo used the tea ceremony to show that they were creating a new regime but still appreciated the cultural heritage of the past.

Invitations to participate in a certain tea ceremony could be a reward for some service, or an invitation to a potential ally. Collections of prized tea utensils became **symbols of prestige and power**. The giving and receiving of such utensils could **cement legitimization** of military and political power.

The tea ceremony became a valuable opportunity for warlords to exhibit their **worthiness as leaders**, not depending solely on military strength.

Sen no Rikyu and his **contributions** to the tea ceremony remain known as part of Japanese culture. But we are left with a mystery: Why did Hideyoshi's attitude toward Rikyu change so drastically in 1591 that he ordered Rikyu to commit *seppuku*?

徳川家康

(1543年〜1616年)

関ヶ原の戦いに勝利し、江戸幕府を開いた。この幕府は約260年間にわたり、日本を治め、そして平和をもたらした。

　　松平竹千代は幼い頃は、父の敵である織田家の人質として囚われの身となり、その後は東の同盟相手である今川家のもとに人質として預けられました。1561年、ついに独立を果たし、現在の名古屋近郊にある岡崎で父の領地を継承します。そして今川家との関係を断ち、代わりに織田信長と同盟を結びました。この頃、竹千代は家康と名乗るようになり、さらに古くからの家名である徳川を称するようになりました。

　　1570年、織田・徳川連合軍は姉川の戦いで敵対勢力を破り、家康は日本の中部地方における戦略的な地位を確立しました。その後、家康は徐々に領地を拡大していきますが、たびたび武田信玄と戦い、敗北を喫することがほとんどでした。しかし、信玄の死後、その後継者である勝頼との戦いでは勝利を収め、武田勢を後退させました。こうして家康は、南

Tokugawa Ieyasu

(1543–1616)

Won the Battle of Sekigahara and established the Edo Shogunate, which ruled the country for almost 260 years of peace.

Matsudaira Takechiyo spent his youth held **captive** by his father's enemies, the Oda clan, then was forced to serve as a hostage to his father's allies to the east, the Imagawa. In 1561 he finally became independent and took control of his father's domains in Okazaki, near present-day Nagoya. He **abandoned his ties with** the Imagawa and instead allied himself with Oda Nobunaga. At about this time, he took the name Ieyasu and the **ancient family name** Tokugawa.

Combined Oda and Tokugawa forces defeated rivals at the Battle of Anegawa in 1570, giving Ieyasu a **strategic position** in central Japan. Ieyasu gradually expanded his territories, fighting most of the time with Takeda Shingen and losing. But after Shingen's death, Ieyasu succeeded in battles against Shingen's successor Katsuyori. Driving the Takeda back, Ieyasu became master of territories as far south as Suruga

は駿河（現在の静岡県）までの領地を手中に収めることとなったのです。

　1582年に信長が暗殺されると、家康はその後継者である羽柴秀吉と**同盟を結び**ます。二人はともに関東平野の統一を進めます。1590年には強大な勢力を誇る戦国大名の北条氏政を小田原城で攻め、北条氏政を滅ぼしました。これにより、家康は鎌倉幕府以来となる**東日本における絶対的な支配力**を持つことになったのです。

　秀吉はその後、家康に対し、**生まれ故郷**を含む五か国を明け渡し、新たな領地へ移るよう命じます。その新領地とは、関東平野の戦略的にも財政的にも不利とされる地であり、**本拠地**は江戸と呼ばれる小さな漁村に置かれました。当初、家康にとっては**降格**のように思われましたが、やがてこの広大な領地が以前の領地よりも潜在的な生産力を持ち、地理的にまとまりのある土地であることがわかってきました。

　1598年、秀吉は死の直前に、家康をはじめとする**大名**たちに対し、幼い我が子、秀頼に仕えることを誓わせました。しかし、1600年に家康は豊臣軍に戦さを仕掛け、その結果、関ヶ原の戦いで圧勝を収めます。これにより家康は、京都、つまり天皇を掌握し、日本全国の大名に対する**統治権**を確立しました。

　1603年、家康は天皇の許しを得て将軍に任じられ、日本全土の支配を固めていきました。意外なことに、1605年には将軍職を三

(now Shizuoka Prefecture).

After Nobunaga's assassination in 1582, Ieyasu **formed an alliance** with Nobunaga's successor, Hashiba Hideyoshi. Together they began unifying the Kanto Plain. They joined forces in attacking the powerful warlord Hojo Ujimasa in his castle at Odawara, overthrowing Ujimasa in 1590. This gave Ieyasu **a degree of control in Eastern Japan unrivaled** since the Kamakura shogunate.

Hideyoshi then ordered Ieyasu to surrender his five provinces, including his **native province**, and move to a new domain: a strategically and fiscally disadvantaged domain in the Kanto Plain with **headquarters** in a fishing village called Edo. It seemed like a **demotion** to Ieyasu initially, but he gradually realized that this larger domain was a potentially more productive and geographically more unified than his previous domain.

Before Hideyoshi died in 1598, he had Ieyasu and his other **generals** agree to serve his very young son Hideyori. But in 1600, Ieyasu went to war against the Toyotomi forces in the Battle of Sekigahara and easily won. He established control over Kyoto—and the emperor—and claimed **authority** over all Japanese feudal lords.

Ieyasu was given the title of shogun in 1603, with the approval of the emperor, and began consolidating rule over the entire country. Surprisingly, Ieyasu

男の秀忠に譲り、自らは退きます。しかし、特に**外交**に関しては依然として実権を握り続けていました。家康は駿府（現在の静岡市）に隠居しました。

徳川幕府を脅かしかねない有力大名同士の勢力の均衡をいかに保つかということが、家康にとっては重要な課題でした。不満を抱く大名たちが秀吉の子である秀頼のもとに結集する可能性があったからです。

この脅威を排除するため、家康は秀頼のいる大坂城に対し二度の攻撃を仕掛けました。二度にわたる戦いの末、城の**外堀**が埋め立てられ、徳川方が勝利を収めます。秀頼は自害を選び、その幼い息子も殺されました。これにより、豊臣勢力は完全に滅び、**第三の覇者**、徳川家康による統一が完成しました。

家康は、**かつてない国の統一**を成し遂げ、長きにわたる安定的な継承をもたらしました。その成功には運も味方しましたが、家康は全国統治の基盤を確立し、江戸を東京という世界都市へと発展させる道を切り開きました。さらに、2世紀半にわたる平和の時代をもたらしたのです。

秀頼の子：秀頼と側室との間に生まれた豊臣国松は8歳で処刑される。秀頼は22歳。正妻の千姫は、徳川家康の孫で、大坂夏の陣で家康の命で大坂城から救出された。千姫と秀頼の結婚は、戦国時代末期の政治的な駆け引きの一環だったが、結果的に豊臣家の滅亡を防ぐことはできなかった。

resigned from office in favor of his third son Hidetada in 1605, but clearly did not relinquish his authority, especially regarding **foreign affairs**. Ieyasu retired to Sumpu (now the city of Shizuoka).

Keeping a balance between the powerful daimyo, who could threaten the Tokugawa shogunate was a major concern to Ieyasu. Any discontented warlords would undoubtedly gather around Hideyoshi's son Hideyori.

In order to eliminate this threat, Ieyasu launched two attacks on Osaka Castle, Hideyori's fortress. After two campaigns, the castle's **outer moats** were filled in, the Tokugawa side won. Hideyori chose to commit suicide and his own young son was killed. This ended the Toyotomi alliance and brought about the success of the **third unifier,** Tokugawa Ieyasu.

His achievement was to bring an **unprecedented unity** and a succession stable enough to last for generations. Luck played a part in his success, but he laid the foundation for administration of the entire country, started Edo on the path to becoming the world city of Tokyo, and initiated a peace that continued for two and a half centuries.

コラム 参勤交代

戦国時代、1600年の関ヶ原の戦い、そして1615年の大坂の陣での豊臣勢の**決定的な敗北**を経て、徳川家康とその同盟勢力が基本的に国を支配しました。信長と秀吉に続く**第三の統一者**として知られる家康は、ついに将軍の座に就きました。

しかし、徳川家が国中を完全に支配し、誰にも脅かされることがなかったわけではありませんでした。各地には依然として強力な大名が存在しており、彼らの忠誠心に対して慎重に報いる必要があった一方で、**裏切る兆し**がないかを常に監視する必要がありました。これは特に、莫大な収入をもたらす広大な領地と大軍を抱える大名に対しては、その重要性がさらに高かったのです。

徳川家を古くから支えてきた大名は、やがて譜代大名（世襲の家臣）と呼ばれるようになりました。彼らはもともと関ヶ原の戦い以前から徳川家に仕えており、その後も代々徳川家に従い続けました。

「譜代」という言葉は、ある家が別の家に従属していることを示しています。もともとは、**裕福な土地所有者（地主）**の家に対し、農業や家事の労働を代々提供する農民の家を指していました。その見返りとして、地主の家は何らかの形で従属する家を保護していました。

The Alternate Attendance System—*Sankin kotai*

Following the Sengoku period, the important Battle of Sekigahara (1600), and the **decisive defeat** of the Toyotomi alliance at Osaka in 1615, Tokugawa Ieyasu and his allies basically controlled the country. Ieyasu, known as the **third unifier** after Nobunaga and Hideyoshi, became the shogun.

But the Tokugawa family did not have complete, unchallenged control throughout the land. There were still powerful daimyo in the various provinces who had to be carefully rewarded for their loyalty and kept under watch for any **potential disloyalty**. This was especially true for those who possessed large territories with major sources of income, and large armies.

The daimyo who were traditional supporters of the Tokugawa family came to be known as *fudai* daimyo, hereditary vassals. They had originally supported the Tokugawa prior to Sekigahara and continued in hereditary dependence thereafter.

The term *fudai* denoted one family who was subordinate to another family. In earlier times, it referred to a peasant family who would provide a **well-to-do landholding family** with agricultural and domestic services from generation to generation. In return, the landholding family would in one form or

関ヶ原の戦いと徳川幕府の成立後、「譜代」
という言葉は、かつて徳川に仕えていた約150
の家を指すようになりました。これらの家は大
名に取り立てられ、比較的小規模な領地を与え
られるか、または幕府内の有力な世襲の**行政職**
に任命されました。

　もともと徳川家の世襲の家臣ではなかった大
名は、外様大名と呼ばれ、文字通り「外の家臣」
を意味しました。外様大名は、三人の統一者、
織田信長、豊臣秀吉、または徳川家康のいずれ
かのもとで大名の地位を得た領主たちで、関ヶ
原の戦いの前後に徳川家への忠誠を誓っていま
す。

　外様大名は一般的に譜代大名よりも高い地位
を持ち、広大な領地を持っていましたが、その
地位は**不安定**でした。**幕府の方針**に従わなけれ
ば、徳川家によって降格、改易や減封の処分を
受ける可能性があったのです。しかし、将軍に
忠誠を誓い続ければ、自らの領地の繁栄を享受
することができました。

　徳川幕府は、全国に約260人いた大名を統制
するために「参勤交代」の制度を導入しました。
これらの大名は事実上、国土の約5分の4近く
を治める**封建領主**でした。参勤交代という用語
は、各大名が定期的に江戸（現在の東京）の**将
軍のもと**に出仕する義務を指します。この制度
の負担は大きく、大名は領地と江戸を定期的に
行き来しなければなりませんでした。

another protect the subordinate family.

Following Sekigahara and the establishment of the Tokugawa shogunate, the term was used for roughly 150 families who had served the Tokugawa in the past. These families were raised to daimyo status. They either held comparatively small domains or were selected to hold powerful hereditary **administrative posts** within the shogunate.

Those who had not been hereditary Tokugawa vassals of the Tokugawa family were called *tozama* daimyo, literally "outside" vassals. These were lords who acquired their daimyo status under one of the three unifiers—Nobunaga, Hideyoshi, or Ieyasu— and swore loyalty to the Tokugawa family before or after the Battle of Sekigahara.

The *tozama* daimyo generally held higher rank and possessed larger domains than the *fudai,* but their status was **less secure**. They could have their rank and landholdings removed or reduced by the Tokugawa unless they followed the **shogunate's directives**. If they remained loyal to the shogun, they could be left to enjoy the prosperity of their own domains.

The Tokugawa shogunate instituted the system of "alternative residence (*sankin kotai*)" to maintain control over each of the 260 or so daimyo across the country. These were virtually autonomous **feudal rulers** of close to four-fifths of the country. The term describes the obligation of each daimyo to attend the **shogunal court** in Edo (now Tokyo) at regular intervals. This burdensome requirement forced them

まず、各大名は江戸に**屋敷**を維持しなければ
ならず、彼らの妻や子供が幕府によって常に江
戸に留め置かれていました。これは、人質と呼
んでも差し支えない状況でした。大名は1年おき
に江戸と領地を行き来するのが一般的で、1
年間江戸で勤めた後、翌年に領地へ戻るという
サイクルを繰り返していました。

次に、この参勤交代の制度では、大名は150
から300人の**従者**を伴い、幕府の管理下にある
主要街道を通って移動することが義務づけられ
ていました。また大名が守るべき基本的な規則
の一つに、「武器を江戸に持ち込んではならず、
女性を江戸から連れ出してはならない」という
ものがありました。これは、大名が徳川政権に
対抗する同盟を企てるのを阻止するためでした。

この制度にはもう一つ、非常に重要な目的が
ありました。それは、大名が**富を蓄える**のを防
ぐことです。江戸と領地を往復する旅費や、江
戸の屋敷と領国の屋敷の維持費は、大名の収入
の70〜80%を要しました。このような経済的
負担により、大名が徳川政権に反抗するような
同盟を形成する意欲を削ぐことにもつながって
いました。

この制度は大名にとって大きな負担となりま
したが、一方で街道沿いの**宿場町**には恩恵をも
たらしました。さらに、各地の**特産品**や旅の土
産物の発展を促すきっかけにもなりました。

この制度は1862年まで続きました。

to divide their time equally between the capital and their domains.

First, each daimyo had to maintain a **residential estate** (*yashiki*) in Edo, where their wives and children were permanently detained by the shogunate. One could legitimately describe them as hostages. The typical pattern was for a daimyo to travel to the capital every other year and return to his domain after a year's service in Edo.

Second, this system required each daimyo to travel with a **retinue** of 150 to 300 followers, using the **main highways** which were under shogunal control. One fundamental rule they had to observe was that "no weapons could be brought into Edo and no women could be taken out of Edo." The point of this was to guarantee that no daimyo would attempt to create an alliance against the Tokugawa regime.

A second, but very important, purpose of this system was to prevent the daimyo from **accumulating wealth**. The journeys back and forth to Edo and the upkeep of the daimyo's Edo residence and provincial residence took between 70 and 80 percent of their income. With this burden on their economic power, the daimyo were not inclined to form alliances that might oppose the Tokugawa regime.

In contrast with the burden this placed on the daimyo, this system was good for the **various types of lodging** in villages along the roads. It also spurred the growth of "**local products**" and *miyage*, souvenirs from one's travels.

This system continued until 1862.

安国寺恵瓊

(?〜1600年)

秀吉の朝鮮出兵に参戦した武将であり僧侶。東福寺の修復に尽力したが、関ヶ原の戦いでは戦場を離れ、最終的に捕らえられ斬首された。

臨済宗の僧、恵瓊は、西日本の安芸国(現在の広島県の一部)に生まれました。安国寺の**住持**を務めたことから、安国寺恵瓊と呼ばれるようになりました。宗教活動に加え、1592年の豊臣秀吉による朝鮮出兵では武将としても従軍しました。

恵瓊は安国寺の**大規模な修復**を行い、さらに京都の名刹である東福寺の修復にも尽力しました。1598年には東福寺の住持となりました。また、庇護者である豊臣秀吉に仕えた功績により、四国の伊予国(現在の愛媛県)に相当な**領地**を与えられました。

1600年、東西両軍が天下分け目の関ヶ原の戦いで激突した際、恵瓊は西軍の大将である毛利輝元の**陣営**において、石田三成の**交渉役**として仕えていました。毛利軍は西軍に多数の兵を動員する役割を担っていたのです。

Ankokuji Ekei

(?–1600)

Monk-warrior who fought with Hideyoshi in the Korean peninsula, repaired Tofukuji, abandoned his duties at Sekigahara, was captured and beheaded.

The Rinzai Buddhist monk Ekei was born in Aki province (now part of Hiroshima Prefecture), in western Japan. He became the **abbot** of the Ankokuji monastery, hence the name Ankokuji Ekei. In addition to his religious activities, he served as a warrior in Hideyoshi's invasion of the Korean peninsula in 1592.

Ekei **made major repairs** to Ankokuji and to the major temple Tofukuji in Kyoto. He became the chief abbot at the latter in 1598. For his service to his patron Toyotomi Hideyoshi, he also received a considerable **feudal estate** in Iyo Province (now Ehime Prefecture) in Shikoku.

When the two great armies of the east and west met at the **momentous** Battle of Sekigahara in 1600, Ekei served as Ishida Mitsunari's **agent** in the **camp** of Mori Terumoto, which was responsible for bringing a large number of troops into the Western

しかし皮肉にも、恵瓊自身は徳川家康を支持する東軍との戦いに自軍を率いて戦うことはありませんでした。攻撃を仕掛ける代わりに、**恵瓊は戦場から離れ、自軍を指揮官不在の状態で置き去りにしたのです。**

恵瓊はその数日後に捕らえられます。小西行長、石田三成とともに京都へ護送され、賀茂川沿いの処刑場である六条河原で斬首されました。

六条河原：鴨川の瓦にあった古くから刑場として使用された場所。石田三成、小西行長、長宗我部盛親などが処刑された。

Army. Ironically, Ekei failed to lead his own troops into battle against the eastern army which supported Tokugawa Ieyasu. Instead of attacking, Ekei escaped the battlefield and **left his troops without a leader**.

Ekei was captured several days later. Together with Konishi Yukinaga and Ishida Mitsunari, he was escorted to Kyoto, where they were all beheaded at Rokujo-ga-hara, the execution ground on the side of the Kamogawa River.

井伊直政

（1561年〜1602年）

関東で家康を支えた忠実な武将で、関ヶ原の戦いで、赤鬼と呼ばれる精鋭部隊を率いた。戦いの後、近江国に領地を与えられた。

　豊臣秀吉が日本の実権を握っていた時期に、秀吉は関東地方の広大な領地を徳川家康に与えました。そして、家康は**最も忠実な家臣**の一人である井伊直政を、上野国（現在の群馬県）にある箕輪城の城主に任じました。

　直政は関ヶ原の戦いで、家康率いる東軍に味方しました。彼は自軍の兵士に**鮮やかな朱漆塗りの甲冑**を身につけさせ、**赤漆塗りの槍**を持たせ、背中には高く掲げた赤い旗をなびかせました。この堂々たる軍勢は赤鬼と称され、その日の戦いで、直政自ら先陣を切り、東軍の攻撃の最前線を担いました。

　直政は、大きな二本の角のついた**金箔仕上げの兜**をかぶっていたとされており、その姿は戦場でひときわ目立ったと考えられていま

Ii Naomasa

(1561–1602)

Staunch supporter of Ieyasu in the Kanto region, famous for his "Red Devils" warriors at Sekigahara, recipient of a domain in Omi province.

During the period when Toyotomi Hideyoshi was the dominant military leader of the country, he gave extensive territory in the Kanto region to Tokugawa Ieyasu. In turn, Ieyasu appointed Ii Naomasa, one of his **staunchest supporters**, to be the lord of the Minowa Castle in the region known as Kozuke (now Gumma Prefecture).

Naomasa sided with the Eastern Army led by Ieyasu at the Battle of Sekigahara. He dressed his troops in **brilliant red-lacquered armor**, provided them with **red-lacquered lances**, and had them wear tall red banners waving from their backs. These **impressive warriors**, known as the "*Red Devils*," were the vanguard of the attack that day, led by Naomasa himself.

It is thought that he wore his well-known **gilded gold helmet** with two large horns, which made him stand out on the battlefield. Naomasa was eager to

す。直政は家康への忠誠を示すため、西軍へ
の**攻撃の先鋒**を福島正則の軍勢と競い合いま
した。しかし、突撃の最中に、直政は馬を貫
通した**銃弾に撃たれ**、右肘を粉砕しました。
直政は一命は取り留めたものの、自力で戦場
を離れることはできず、担がれて退却しまし
た。

　関ヶ原の戦いの後、直政はその忠誠ぶりが
認められ、家康から近江（現在の滋賀県）に
領地を与えられます。この領地が井伊家の**本
拠地**となったのです。

show his loyalty to Ieyasu, and he competed with Fukushima Masanori's troops to **lead the offensive** against the Western Army. During the attack, however, Naomasa **was struck by a bullet** that penetrated his horse and then shattered his right elbow. He survived but had to be carried from the battlefield.

After the Battle of Sekigahara, Naomasa was honored for his loyal service and Ieyasu gave him a domain in Omi (now Shiga Prefecture), which became the **family seat.**

蒲生氏郷

(1556年〜1595年)

豊臣秀吉の五大老の一人で、本州北部を支配下においた。一時はキリスト教に改宗し、千利休の弟子でもあった。

近江国（現在の滋賀県）の日野城主である蒲生賢秀（かたひで）は、1568年の京都進軍の際に、織田信長と同盟を結びました。賢秀は忠誠の証として、息子の氏郷を人質として信長に差し出します。信長は氏郷の才能を高く評価し、自分の娘との婚姻を進めました。氏郷は信長に仕え続け、数々の戦さで功績を挙げました。

信長の死後、氏郷は豊臣秀吉に仕えることに一生を捧げました。1585年、キリスト教に改宗し、洗礼名をレオンと名乗るようになります。しかし、秀吉がキリスト教禁止令を発すると、氏郷は次第に信仰への情熱を失っていきました。

氏郷は本州北部への遠征に貢献し、秀吉の国内統一が完了しました。この功績により、秀吉から広大な領地を与えられ、日本屈指の

小田原・奥州出兵：本州北部への遠征のこと。会津91万石あまりの領土を秀吉より与えられた。

Gamo Ujisato

(1556–1595)

One of Hideyoshi's top five generals, conqueror of northern Honshu, a one-time convert to Christianity, a disciple of Sen no Rikyu.

Gamo Katahide, the lord of Hino Castle in Omi Province (now Shiga Prefecture), allied himself with Oda Nobunaga in the march on Kyoto in 1568. As an **expression of his loyalty**, Katahide offered his son Ujisato as a hostage to Nobunaga. Nobunaga was so taken with the potential that Ujisato displayed that he allowed Ujisato to marry his daughter. Ujisato diligently served Nobunaga in **several successful military campaigns.**

After Nobunaga's death, Ujisato **dedicated himself to** the service of Toyotomi Hideyoshi. In 1585 Ujisato converted to Christianity, taking the Christian name Leão. However, when Hideyoshi began his anti-Christian edicts, Ujisato **lost his zeal** for Christianity.

Ujisato's contribution to Hideyoshi included the campaign across northernmost Honshu that completed Hideyoshi's unification of the country.

大名の一人となりました。

与えられた領地の合計石高は91万9千320石に達しました（1石は約5ブッシェル、または180リットルの玄米に相当）。**石高**とは、大名の領地の**年間農地生産高**に基づいて評価された**課税基準**のことです。一見、この石高という言葉は、大名のことを理解するのに不要に思えるかもしれませんが、当時の**戦国大名の経済力**を測る指標になっていたのです。石高は氏郷の所領がいかに広大であったかを示しています。

氏郷は軍事的才能に加えて、**茶の湯の完成者**とされる千利休の七哲の一人でもあり、**武の道とともに**、和歌や茶道といった**文の道**にも秀でた人物としても知られています。

氏郷は、秀吉の朝鮮出兵の際に九州の**本営**にいる間に病に倒れ、帰国の途中、京都で亡くなりました。

ブッシェル：体積の単位。1ブッシェルは、約36リットル。

蒲生氏郷の最後：1595年、40歳の若さで亡くなった。氏郷の死後、嫡男の蒲生秀行が家督を継ぐが、若年であったため家臣団が対立し、蒲生家は92万石から12万石に大幅減封された。最終的に蒲生家は改易され、大名家として断絶した。

For his service, Hideyoshi gave him **massive fiefs**, making him **one of Japan greatest daimyo**.

These fiefs totalled 919,320 koku (*1 koku* being the equivalent of about five bushels or 180 liters of unpolished rice). The term *kokudaka* was the assessed **tax base** of a warlord's territory based on the **annual yield of its farmland**. While this terminology may seem unnecessary in understanding warlords, it was a way of measuring a **daimyo's economic power**. In this case, it explains just how "massive" Ujisato's holdings were.

In addition to his military skills, Ujisato was one of the Seven Great Disciples of **tea master** Sen no Rikyu and is known as an excellent example of one who pursued **the arts of war and the arts of peace**: poetry and the tea ceremony.

Ujisato fell ill while in the Kyushu **headquarters** for Hideyoshi's invasions of Korea. He died in Kyoto on his way home.

小早川秀秋

（1582年～1602年）

関ヶ原の戦いの最中に寝返り、家康率いる東軍の勝利を決定づけ、日本の歴史を変えた。

小早川秀秋は、戦国時代の歴史において**特異かつ重要な位置**を占めています。その存在は、大名同士の同盟関係がいかに不確かなものであったかを如実に示しています。

秀秋は豊臣秀吉の正室、北政所の甥に当たります。秀吉の養子となりましたが、その後、九州の筑前（現在の福岡市）の大名である小早川隆景に**再び養子として迎えられ**、間もなくその家督を継ぎました。

秀吉は1597年の朝鮮出兵において、秀秋を総大将に任命しました。それは大きな責任の伴う地位でした。しかし、翌年、秀秋は**秀吉の不興を買い、後の将軍となる徳川家康の取りなしによってかろうじて助かりました**。家康のおかげで、秀秋は越前（現在の福井市）の小領主に降格されるだけですんだのです。

秀吉の怒りとは：朝鮮出兵（文禄・慶長の役）において、秀秋が作戦に従わなかったこと、秀秋が蔚山城の戦いで明軍の将を生け捕りにするなどの過剰な殺戮行為を行ったことなどの説がある。

Kobayakawa Hideaki

(1582–1602)

Switched alliances on the actual battlefield at Sekigahara, guaranteed the success of Ieyasu and the Eastern army, changing the country's history.

Kobayakawa Hideaki occupies a **unique and critical place** in the history of the Sengoku period. It illustrates just how tentative alliances among daimyo could be.

Hideaki was a nephew of Toyotomi Hideyoshi's wife, Kita no Mandokoro. Hideyoshi adopted Hideaki as his son, but Hideaki was **later adopted again** by Kobayakawa Takakage, lord of a domain in Chikuzen (now Fukuoka City) in Kyushu. Hideaki quickly succeeded to the leadership of that domain.

Hideyoshi appointed him as chief commander (*sodaisho*) of the 1597 invasion forces in Korea, a position of considerable responsibility. However, Hideaki **incurred Hideyoshi's anger** the next year and was saved only by the **intercession** of the future shogun Tokugawa Ieyasu. Thanks to Ieyasu, Hideaki was merely demoted to lord of a small domain in Echizen (now the city of Fukui).

1599年、秀吉の死の翌年に、秀秋は降格前に所有していた九州北部の旧領を再び領有することとなりました。

秀秋の歴史上の位置付けは、1600年の関ヶ原の戦いにおける彼の行動によって決定づけられました。秀秋は当初、西軍の指導者である石田三成を支持すると表明していたにもかかわらず、東軍の指導者である家康に忠誠を誓う**秘密の約束書簡**を送っていたのです。

戦いが始まる前、三成は秀秋に対して、本陣で**合図の狼煙**が上がるのを見たら、右翼から攻撃を開始するよう命じていました。狼煙は上がったものの、松尾山では期待された動きは起こりませんでした。秀秋は軍を松尾山に留めたままだったのです。

松尾山：秀秋が陣を敷いた場所。最終的に秀秋の裏切りが関ヶ原の戦いの勝敗を大きく左右したため、松尾山は関ヶ原の戦いの重要な地として知られている。

しかしその一方で、秀秋は家康との約束も果たしていないように見えました。家康は、秀秋が本当に東軍に加勢するのか疑念を抱いていました。秀秋が動いたのは、家康軍が小早川勢に実際に**砲撃を加えた**ときでした。その決定的な瞬間、秀秋は味方であるはずの大谷吉継に攻撃を仕掛け、この寝返りが家康の勝利を確実なものとしたのです。

この**決定的な貢献**の褒美として、勝利した家康は秀秋に岡山の大きな領地を与えました。しかし、秀秋は1602年に後継者を残さずに亡くなりました。

In 1599, the year after Hideyoshi's death, Hideaki was restored to his previous large domain in northern Kyushu.

Hideaki's **place in history** was assured by his actions at the Battle of Sekigahara in 1600. Although he indicated that he would support Ishida Mitsunari, leader of the Western Army, Hideaki sent **secret pledges of allegiance** to Ieyasu, leader of the Eastern army.

Before the battle began, Mitsunari has ordered Hideaki to launch his attack from the right wing of the offensive when he saw the **plume of smoke from a signal fire** lit at his headquarters. The fire was ignited, but the expected movement on Mount Matsuo did not take place. Instead, Hideaki kept his troops back on Matsuoyama.

But on the other hand, Hideaki did not appear to be keeping his promise to Ieyasu either. Ieyasu was concerned that Hideaki might not keep his promise to support the Eastern army. Only when Ieyasu's troops actually **opened fire** on Kobayakawa did Hideaki move into action. At that crucial moment, he attacked his supposed ally Otani Yoshitsugu, and this switching of allegiances ensured Ieyasu's victory.

As a reward for this **pivotal contribution**, the victorious Ieyasu rewarded him with a large domain at Okayama. Hideaki died without a successor in 1602.

龍造寺隆信

（1529年〜1584年）

強大な九州の大名で、今山の戦いにおいて、強敵、大友宗麟に対して思いもよらぬ夜襲を仕掛けた。

隆信は、威圧的な風貌と鋭い眼光の持ち主だったと伝えられています。まさに戦国大名の典型といえるでしょう。隆信の一族は、数世代前に、肥前国（現在の長崎県と佐賀県）にある龍造寺を由来として「龍造寺」の姓を名乗るようになりました。

隆信の一族は長らく少弐家の家臣でしたが、1559年に主君を打ち破ります。その後、隆信は強大な大友氏や島津氏と対立することとなりました。

1570年、大友宗麟は大軍を率い、隆信の筑前の領地を奪おうと企てました。この圧倒的な戦力に対抗するため、龍造寺の重臣である鍋島直茂は大友軍への**夜襲**を提案します。しかし、隆信の他の味方は、大友軍の兵力の多さを恐れ、この策に反対しました。

それを隆信の母が、「真の侍ならば命を懸

少弐家：鎌倉時代から戦国時代にかけて九州地方で勢力を持った武家の一族。もともとは藤原北家の流れをくむ武藤氏で、鎌倉幕府の御家人として九州の政務を担当する「大宰少弐」の官職を世襲したことから、「少弐」を名乗るようになった。

Ryuzoji Takanobu

(1529–1584)

Powerful Kyushu daimyo, launched a stunning nighttime attack in the Battle of Imayama, against the powerful Otomo Sorin.

Takanobu is said to have been a man of **formidable appearance** and **penetrating eyes**. A true Sengoku daimyo. Generations before his time, Takanobu's family took the family name Ryuzoji from the Ryuzoji Temple in Hizen province (now Nagasaki and Saga prefectures).

Takanobu's family had long been subordinate to the *Shoni* family, but he defeated them in 1559. He then came in conflict with the powerful Otomo and Shimazu clans.

In 1570, leading an enormous army, Otomo Sorin plotted to take over Takanobu's territories in Chikuzen. To counter this huge force, Ryuzoji's **leading retainer** Nabeshima Naoshige proposed a **night raid** on the Otomo army. However, Takanobu's other allies disagreed with the idea, fearing the large number of Otomo troops.

Some say that Takanobu's mother shamed

けて攻めるべきだ」と彼らを恥じ入らせ、直茂の策に従わせたという説もあります。最終的に、夜襲が決行されました。直茂の軍勢が一方から大友軍を攻撃し、隆信の軍勢が別の方向から攻撃を仕掛けました。よく知られた今山の戦いにおけるこの夜襲は非常に効果的で、大友宗麟は軍を撤退させ、**龍造寺氏への攻撃を断念しました。**

隆信は領地を拡大したものの、1584年の島津との戦いで討ち死にしました。その後、跡を継いだ政家は領地を維持できず、龍造寺氏の旧臣であった鍋島氏に取って代わられることになるのです。

them into following Naoshige's advice, saying that real samurai should put their lives on the line and attack. Eventually a nighttime offense was launched. Naoshige's troops attacked the Otomo forces from one angle, Takanobu's troops attacked them from another. This night raid in the famous Battle of Imayama was so effective that Otomo Sorin withdrew his forces and **left the Ryuzoji alone**.

Although Takanobu expanded his domain, he was killed in battle with the Shimazu in 1584. His heir Masaie was unable to maintain control of the domain and it was taken over by the Nabeshima clan, former vassals of the Ryuzoji clan.

丹羽長秀

(1535年〜1585年)

信長から長く信頼され、裏切り者の光秀を討ち取るために戦い、のちに秀吉の有力な家臣となった。

稲生の戦い：1556年8月、尾張国で織田信長とその弟・信行（信勝）との家督争いを発端に行われた戦い。この戦いは信長が尾張統一への足掛かりを築いた重要な転機となった。

佐和山城：長秀は関ヶ原の功により近江の沢山城主となり、十八万石の領主となった。

　　五郎左衛門としても知られる丹羽長秀は、16歳で織田信長に仕えるようになりました。やがて、長秀は稲生の戦いや桶狭間の戦いをはじめとする戦いで活躍し、信長の**最も信頼される家臣**の一人となりました。さらに、京都での六角氏との戦いにも加わり、その後、京都の行政を担う一人となりました。

　　1571年に磯野員昌が敗れると、長秀は近江国の佐和山城の城主となります。さらに、1573年には若狭国を与えられ、大名としての**地位を確立**します。長秀は畿内の行政を担当し、佐和山では大型船の建造も任されました。また、九州統一計画の一環として、明智光秀とともに九州方面の統治を任されるなど、重要な役割を担いました。長秀は信長の**重臣**の一人とみなされ、安土城の築城を監督する責任も任されました。

212

Niwa Nagahide

(1535–1585)

Long trusted by Nobunaga, fought to defeat the traitor Mitsuhide, became a powerful retainer under Hideyoshi.

At the age of 16, Niwa Nagahide, who was also known as Gorozaemon, went into the service of Oda Nobunaga. Nagahide eventually became one of Nobunaga's **most trusted retainers**, including in the battles of Ino and Okehazama. Nagahide also assisted in the battle against the Rokkaku clan in Kyoto and became one of the administrators of Kyoto.

When Isono Kazumasa was defeated in 1571, Nagahide became the lord of Sawayama Castle in Omi Province. He was given Wakasa province in 1573, making him a daimyo **in his own right**. He was put in charge of various administrative functions in the Kinai region and in the construction of large ships in Sawayama. Nagahide was placed in a position of responsibility in Kyushu, along with Akechi Mitsuhide, as part of a plan for the eventual unification of Kyushu. He was considered one of the Nobunaga's **chief retainers,** and was responsible for

九州での任務は、本能寺での信長の死によって不要となり、その後、長秀は羽柴秀吉と同盟を結びました。そして、**逆臣である明智光秀**を討った**決定的な戦い**である山崎の戦いで活躍します。

　さらに、賤ヶ岳の戦いの後、越前と加賀の二国を与えられました。以降も長秀は大名として、また秀吉の最も有力な家臣の一人として、死を迎えるまでその地位を維持しました。

the overseeing the construction of Azuchi Castle.

When his duties in Kyushu were eliminated upon the death of Nobunaga at Honganji, Nagahide allied himself with Hashiba Hideyoshi and was active in the **decisive battle** of Yamazaki which destroyed the **usurper Akechi Mitsuhide**.

After the battle of Shizugatake, he was given the provinces of Echizen and Kaga. He remained a daimyo and one of the Hideyoshi's most powerful retainers until his death.

滝川一益

(1525年〜1586年)

信長の忠実な家臣であり、賤ヶ岳の戦いで敗北したものの、秀吉に許された。その後、権力の座を退き、茶道に専念した。

織田信長の四天王：柴田勝家、丹羽長秀、滝川一益、明智光秀

近江に生まれた一益は、織田信長の四天王の一人となりました。伊勢国の長島一向一揆の砦にいた僧兵の鎮圧を任されました。そして、その功績により伊勢長島城の城主となりました。

彼は武田勝頼に対する討伐軍を率い、その戦いの後、上野国の厩橋城(うまやばしじょう)を与えられました。

本能寺の変で信長が死去すると、天下統一の後継者を巡る激しい戦いが繰り広げられました。一益は、同じく織田四天王の一人であり、越前・加賀の有力大名であった柴田勝家と同盟を結び、権力争いのもう一人の競争相手である羽柴秀吉の軍勢を打倒しようとしました。

1583年、両軍は琵琶湖の北、賤ヶ岳の戦

Takigawa Kazumasu

(1525–1586)

A stout retainer of Nobunaga, pardoned by Hideyoshi after defeat in the Battle of Shizugatake, retired from power to devote himself to the tea ceremony.

Born in Omi, Kazumasu became one of Oda Nobunaga's *Shitenno*, or **Four Leading Retainers**. Kazumasu was in charge of the suppression of the **warrior-monks** of Nagashima Ikko-Ikki fortress in Ise province. As a result, he became the lord of the Ise Nagashima Castle.

He led the **punitive force** against Takeda Katsuyori, and following the fighting was granted Umayabashi Castle in Kozuke province.

Following the Honnoji Temple Incident, in which Nobunaga died, there was serious fighting over who would succeed to Nobunaga's powerful role as unifier of the country. Kazumasu allied himself with another of Oda's *Shitenno* (top retainers), Shibata Katsuie, the powerful daimyo of Echizen and Kaga, in an effort to defeat the forces of **another contender** for power: Hashiba Hideyoshi.

In 1583, the two large armies met north of Lake

いにおいて対峙しました。戦いは秀吉軍の勝利に終わり、柴田勝家は敗れ、戦さの3日後に自害しました。しかし、一益は降伏し、秀吉に許されます。その後、越前国の大野で**隠棲**し、余生を茶道に捧げました。

賤ヶ岳の戦い

織田信長の重臣の一人、滝川一益は「織田四天王」の一人に数えられる武将でした。本能寺の変後、織田家の後継者争いが起こり、滝川一益は柴田勝家や織田信孝と共に反秀吉の立場を取りました。

1583年、賤ヶ岳の戦いが勃発。滝川一益は柴田勝家側に与しました。戦いの中で、一益は亀山城を奪い、羽柴秀吉派を駆逐しました。

しかし、羽柴秀吉軍の猛攻により、滝川一益の配下の城は開城を余儀なくされ、賤ヶ岳の戦いは最終的に羽柴秀吉の勝利に終わり、柴田勝家は敗走して自害しました。滝川一益は豊臣秀吉に降伏し、その後は豊臣氏に仕えることになりました。

この戦いは、織田信長の後継者争いの決着をつけ、豊臣秀吉が天下統一への道を開く重要な転換点となりました。

1583年4月、近江国伊香郡の賤ヶ岳付近で起きた羽柴秀吉と柴田勝家の戦いの錦絵。

Biwa in the Battle of Shizugatake. Hideyoshi and his allies claimed the victory. Shibata was defeated and committed suicide three days after the battle. But Kazumasu surrendered and was pardoned. Thereafter he lived a **life of seclusion** at Ono in Echizen province, immersing himself in the art of the tea ceremony for the rest of his life.

本多忠勝

(1548年〜1610年)

家康が天下統一への第一歩を踏み出し、関ヶ原を経て将軍職に就くまでの間、長年にわたり支え続けた四天王の一人。

本多氏は譜代大名の中でも特に古い家柄で、徳川家康が権力を掌握し始めた当初から支え続けた**世襲の家臣**でした。忠勝ははじめに大多喜藩の藩主に任命され、その後、桑名藩の藩主となりました。

忠勝は家康のすべての戦いにおいて**主要な家臣**の一人として関わり、家康の最も忠実で有能な四将「四天王」の一人でした。1570年の姉川の戦いでは、浅井と朝倉の連合軍を相手に**奮戦**します。1575年の長篠の戦いでは、織田と徳川連合軍の**最前線**で戦い、故・武田信玄の子である武田勝頼を打ち破りました。

家康の四天王：本多忠勝、酒井忠次、榊原康政、井伊直政

関ヶ原の戦いでは、忠勝の軍勢が家康本隊の前衛として**戦略的な位置**を占め、そこで激しい戦闘が繰り広げられました。有能な忠勝の活躍により、家康は西軍を打ち破り、これ

Honda Tadakatsu

(1548–1610)

One of the four long-term supporters during Ieyasu's first steps to unification through Sekigahara to the shogunate.

The Honda clan was one of the oldest *fudai* daimyo, **hereditary vassals** who supported Tokugawa Ieyasu from the beginning of his rise to power. Tadakatsu was first appointed lord of Otaki domain and then lord of Kuwana domain.

Tadakatsu was one of Ieyasu's **leading retainers** in all of his battles and was one of the so-called *shitenno*, the four most fiercely loyal and effective generals among Ieyasu's allies. Tadakatsu served honorably at the Battle of Anegawa (1570) against the armies of the Azai and Asakura clans. At the Battle of Nagashino (1575), he was **in the front ranks** siding with Nobunaga and Ieyasu in destroying Takeda Katsuyori, son of the deceased Takeda Shingen.

At the Battle of Sekigahara, Tadakatsu's troops held the **strategic position** directly in front of Ieyasu's troops, where much fierce fighting took place. The talented Tadakatsu contributed to Ieyasu's defeat of

により家康は日本全土の支配を確立し、戦国時代は終焉を迎えることになりました。

忠勝は、兜には**鹿角**、鎧の上からは大きな**木製の数珠**を掛け、さらに仏教的なモチーフの紋様をあしらった旗を掲げたその独特な姿で戦場でも一際目立っていました。また、「蜻蛉切(とんぼきり)」と名付けられた**槍を振る**うことでも知られていました。さらに、57回以上の戦さに参加しながら、忠勝は一度も傷を負わなかったとも伝えられています。

現在、岡崎城の敷地内に忠勝の銅像が建っています。

蜻蛉切と本多忠勝所用の甲冑

蜻蛉切(右)は、室町時代に作られたとされる槍で、「天下三名槍」の一つとして、忠勝の武勇とともに語り継がれています。蜻蛉切は、その鋭さと軽さから、本多忠勝が愛用しました。蜻蛉が刃に止まると二つに切れるほど鋭利だったことから「蜻蛉切」と名付けられました。

左の甲冑は本多忠勝のトレードマークとして知られています。この甲冑を着用して、本多忠勝は57回もの合戦に参加し、一度も傷を負わなかったと伝えられています。

本多忠勝所用の甲冑(黒糸威胴丸具足)と鹿角脇立兜。

the western alliance, allowing Ieyasu to gain control of the country, therefore bringing the Sengoku era to an end.

A colorful figure, Tadakatsu is instantly recognizable on the battlefield by the **deer antlers** on his helmet, large **wooden prayer beads** covering his armor, and flags with various Buddhist motifs. He is also known for **brandishing his halberd** "Dragon-fly Cutter". In addition, it is said that despite participating in over 57 battles, Tadakatsu was never wounded.

A statue of Tadakatsu now stands in the grounds of Okazaki Castle.

柳生宗矩

(1571年〜1646年)

柳生新陰流の地位を確立、将軍秀忠と家光の剣術指南役を務めた。街道や宗教勢力、大名の動向を監視する総監察官としても活躍した。忍者であったとも言われている。

徳川初期のこの**剣術の達人**は、柳生新陰流の祖である父・柳生宗厳(むねよし)から剣の技を学びました。徳川家康に仕え、宗矩は関ヶ原の戦いや大坂の陣で**功績を挙げ**、徳川家からの厚い信頼を得ました。

大名ではなかったものの、徳川秀忠、家光の二代続けての**剣術指南役**として、かなりの影響力を持っていました。

さらに、宗矩は1632年に**大目付**に任命され、国内の街道網、疑わしい宗教勢力、さらには大名の動向を監視する役割も担いました。つまり、彼は非常に大きな権力を持つ立場にあったのです。

大目付は幕府の要職であり、大名に関する**政治的不正や対立**を監視し、**老中**に報告する

Yagyu Munenori

(1571–1646)

Founder of the Shinkage-ryu school of swordsmanship, instructor to the shoguns Hidetada and Iemitsu, inspector general of surveillance of highways, religious sects and daimyo activities. Believed to be a ninja.

This **master swordsman** of the early Tokugawa period learned his skills from his father Yagyu Muneyoshi, founder of the Yagyu Shinkage school of swordsmanship. In the service of Tokugawa Ieyasu, Munenori **gained distinction** in both the Battle of Sekigahara and the sieges of Osaka Castle, winning the favor of the Tokugawa family.

Although he was not a daimyo, he had considerable influence as the **designated swordsmanship instructor** to two successive shoguns, Tokugawa Hidetada and Tokugawa Iemitsu.

In addition, Munenori was appointed **inspector general** (*Ometsuke*) in 1632, charged with surveillance of the country's highway system, suspect religious sects, and even the activities of the daimyo. In short, his was a position of considerable power.

The elite *Ometsuke* reported to the **senior councilors** (*roju*) of the daimyo regarding any kind of **political**

とともに、是正措置を提言する役割を担っていました。また、これとは別に目付と呼ばれる**下級監察官**の役職もあり、**若年寄**の「目と耳」として、将軍直属の家臣の監督を行う任務を負っていました。

宗厳の子孫は、江戸時代を通じて将軍家の**剣術指南役**を務め続けました。父の宗厳、その子宗矩、そしてその一族は、忍者であったという説が広く知られています。

柳生新陰流

柳生新陰流は、日本を代表する剣術流派の一つで、400年以上の歴史を持つ武芸です。その起源は、1500年代半ばに上泉伊勢守信綱が創始した新陰流から発展しました。柳生但馬守宗厳（石舟斎）が信綱から技を伝授され、「柳生新陰流」が誕生しました。

徳川家康の興味を引き、宗厳の息子の宗矩が徳川家の兵法師範となり、「江戸柳生」が始まりました。また、宗厳の孫である利厳が尾張藩の兵法師範となり、「尾張柳生」が誕生しました。

柳生新陰流の特徴は、自然のはたらきに従った刀法で腕力ではなく重力を使い、円を描くように刀を振ること、状

wrongdoing or conflict and made recommendations for corrective action. Another **secondary category of inspectors,** *Metsuke*, were the "eyes and ears" of **junior councilors** (*wakadoshiyori*) whose job was to supervise the shogun's direct vassal.

Muneyoshi's descendants continued to serve as **swordsmanship instructors** to the family of the shoguns throughout the Edo period. The father Muneyoshi, the son Munenori, and their descendants are popularly believed to have been ninja.

況に応じて柔軟に対応する技法、技を磨く前に心を治めることを重視するなどの特徴があります。武器を持たずに、剣で攻撃してくる相手を制する無刀取りが代表的な技です。

　柳生新陰流の技と精神は、400年以上の時を超えて今日まで受け継がれ、日本の武道文化の重要な一部となっています。

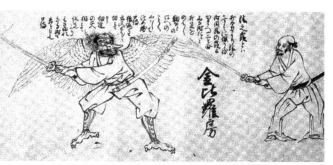

新陰流兵法目録事／宝山寺所蔵。

コラム　忍者

　忍術は、または忍びとも言いますが、日本の**武術**の特殊な一派といえます。その**実践者**である忍者は、侍とは大きく異なる技術、武器、戦術を用いました。侍にしてみると、**忍者のこうした手法や外見**は、自分たちの高貴な身分にはふさわしくないものとみなしていました。忍者は**下層階級**の出身であり、本質的には**傭兵**であったため、大抵の場合、例外なく軽蔑される対象でした。それにもかかわらず、忍者は大名に雇われて活動し、敵対する大名からは恐れられていました。

　忍術には、**諜報（スパイ）術**が含まれます。これは、敵の領地や組織に密かに潜入し、その活動を監視し、機密情報を入手し、敵の城の地図を手に入れる技術です。場合によっては、忍者は**暗殺**を実行したり、敵への襲撃に加わることもありました。

　忍者の中には、自由に国内を歩き回るために、**虚無僧**に扮する者もいました。虚無僧は**尺八を吹奏する**仏教の托鉢僧で、顔を覆う大きな籠状の笠をかぶることで身元を隠していました。また、忍者は山伏の行者、旅芸人の人形遣い、猿楽の舞い手などに変装することもありました。武士らしからぬ姿で、彼らは比較的自由に行動することができました。

　忍術は、敵を欺き、発見されるのを避けるために、戦略、策略、そしてカモフラージュ（偽装）

Ninja

Ninjutsu, also known as *shinobi*, is a special category of Japanese **martial arts**. Its **practitioners,** known as ninja, used techniques, weapons, and tactics that varied greatly from those of the samurai. No samurai would consider the **ninja's methods or appearance** worthy of their own elite position. Because they emerged from the **lower social classes** and were fundamentally **mercenaries,** ninja were almost invariably despised. Nonetheless, they were both employed in the service of warlords and feared by the opposition warlords.

One element of *ninjutsu* is the art of **spycraft**, the clandestine penetration of territories and organizations to observe their activities, gain secret information, and obtain maps of opponents' castles. On occasion, they were used in carrying out **assassinations** or participating in **raids** on enemies.

In order to roam the country at will, some ninja disguised themselves as *komuso*, **flute-playing Buddhist mendicants** who disguised their identity by wearing large basket-shaped hats that covered their face. They might also take on the appearance of itinerant *yamabushi,* strolling puppeteers, and *sarugaku* dancers. As non-samurai, they were able to move about with relative freedom.

Ninjutsu combined strategy, artifice, and camouflage techniques to fool enemies and avoid

の技術を組み合わせたものです。その**実践者**である忍者は、毒や爆薬のような**従来は用いない**戦術や武器をはば広く扱う訓練を積み、高度な技術を身につけていました。侍が大小の刀を使うのに対し、忍者は手裏剣、隠し刃付きの扇、鉄の釘、浜刈(はまがり)と呼ばれる細長い鋸、そして鎖鎌などを使用しました。

忍者は、一般的に日本の中央部にある伊賀(現在の三重県)や甲賀(現在の滋賀県)地方で生まれ、発展したと考えられています。

服部半蔵正成

少なくとも**大衆文化**において、最も有名な忍者は伊賀出身の服部半蔵正成(1542年頃～1597年)でしょう。彼は1570年の姉川の戦い、そして1572年の三方ヶ原の戦いで目覚ましい活躍をしたとされています。

ひとつ注意しておきたい点があります。大衆文化では、忍者は伝説上の人物や超人的な存在として扱われてきましたが、実際には彼らは秘密の戦術や策略を高度に訓練された普通の人間でした。この訓練は、人目につかない田舎で一対一で行われました。そのため、忍者の技術は秘匿されており、誰が忍者だったのか、正確にどのような技を持っていたのかを確かめることができないのです。

230

being detected. **Practitioners** trained to be experts with a wide variety of **untraditional** tactics and weapons, such as poison and explosives. Instead of the samurai's long and short swords, the ninja used *shuriken*, folding fans with a hidden blade, iron spikes, and long thin saws called *hamagari*, and a sickle-and-chain *kusarigama*.

Ninja are generally thought to have developed in the Iga (now Mie Prefecture) or Koga (now Shiga Prefecture) regions, in central Japan.

At least in **popular culture**, the most famous ninja is arguably Hattori Hanzo Masanari (1542?–1597), from the Iga region. He is believed to have served with distinction at the Battle of Anegawa (1570) and the Battle of Mikata-ga-hara (1572).

A brief word of caution. While popular culture has treated ninja as either mythical characters or superhuman, in reality they were ordinary human beings who were extremely well trained in secret tactics and strategies. This training occurred one on one in the countryside, where no one would be able to observe them. Keeping their methods secret is the reason why we cannot be sure who was a ninja and exactly what skills they had.

English Conversational Ability Test
国際英語会話能力検定

● E-CATとは…
英語が話せるようになるためのテストです。インターネットベースで、30分であなたの発話力をチェックします。

www.ecatexam.com

● iTEP®とは…
世界各国の企業、政府機関、アメリカの大学300校以上が、英語能力判定テストとして採用。オンラインによる90分のテストで文法、リーディング、リスニング、ライティング、スピーキングの5技能をスコア化。iTEP®は、留学、就職、海外赴任などに必要な、世界に通用する英語力を総合的に評価する画期的なテストです。

www.itepexamjapan.com

［対訳ニッポン双書］
戦国武将
From Samurai to Shogun

2025年5月5日　第1刷発行

著　者　　ジェームス・M・バーダマン

翻訳者　　西海コエン

発行者　　賀川　洋

発行所　　IBCパブリッシング株式会社
　　　　　〒162-0804 東京都新宿区中里町29番3号 菱秀神楽坂ビル
　　　　　Tel. 03-3513-4511　Fax. 03-3513-4512
　　　　　www.ibcpub.co.jp

印刷所　　株式会社シナノパブリッシングプレス

© ジェームス・M・バーダマン 2025
© IBC パブリッシング 2025
Printed in Japan

落丁本・乱丁本は、小社宛にお送りください。送料小社負担にてお取り替えいたします。
本書の無断複写（コピー）は著作権法上での例外を除き禁じられています。

ISBN978-4-7946-0871-0